熔股铸金

如何在股市中进化

HOW TO EVOLVE IN THE STOCK MARKET

肖瑞 著

西南财经大学出版社
中国 · 成都

图书在版编目(CIP)数据

熔股铸金:如何在股市中进化/肖瑞著.—成都:西南财经大学出版社,
2020.4
ISBN 978-7-5504-3362-5

Ⅰ.①熔…　Ⅱ.①肖…　Ⅲ.①股票投资—基本知识　Ⅳ.①F830.91

中国版本图书馆 CIP 数据核字(2020)第 050735 号

熔股铸金:如何在股市中进化
RONGGU ZHUJIN:RUHE ZAI GUSHI ZHONG JINHUA
肖瑞 著

总 策 划:李玉斗
策划编辑:王正好
责任编辑:周晓琬
助理编辑:肖翀
封面设计:摘星辰·Diou
责任印制:朱曼丽

出版发行	西南财经大学出版社(四川省成都市光华村街 55 号)
网　　址	http://www.bookcj.com
电子邮件	bookcj@foxmail.com
邮政编码	610074
电　　话	028-87353785
照　　排	四川胜翔数码印务设计有限公司
印　　刷	四川新财印务有限公司
成品尺寸	165mm×230mm
印　　张	10.5
字　　数	120 千字
版　　次	2020 年 4 月第 1 版
印　　次	2020 年 4 月第 1 次印刷
书　　号	ISBN 978-7-5504-3362-5
定　　价	48.00 元

致谢

谨以此书，致我挚爱的妻子，感谢她对我的付出和无微不至的关爱。感谢一直以来支持我的投资事业的亲人与朋友，是他们给予了我无限的温暖与关怀，使我能够在逐渐成长为专业投资者的道路上始终充满信心，迎接每一次挑战。

衷心祝愿中国资本市场茁壮成长！

前　言

作为一个在股市经历了二十载风雨的人，我以股市投资为生。在充满艰辛与挫折的投资生涯中，无数次失败与成功的经历为我带来了无价的宝贵经验。庆幸的是，我天生具备对一切事物保持谨慎的态度及踏实低调的性格，同时拥有坚强毅力。这些天性虽然不能让我成为一名优秀的社交人士，但却为我探究这个纷繁复杂、迷离多变的投资世界带来助力。

股市投资领域更多体现的是人性的博弈与变通，我对此有许多体会。投资是一段需要不断探索且没有终点的旅途，需要一种符合自然规律和人性的智慧。这种智慧在人类文明的悠悠历史长河中不是人人都会拥有的，也不是靠着勤学苦练就能领悟到的。现实中很多人会因为性格、兴趣、人生经历及对失败原因的理解等不同而误入歧途，并且毫不犹豫地一直走下去，放弃了反思失败带来的价值。然而，在人类的漫长历史中也从不缺乏能为我们点亮明灯并带领我们获得智慧的人。这些智者让我们获得更多知识的力量。

春秋战国时期，有位著名商人名白圭，《史记·货殖列传》和《汉书·货殖传》中称他为“天下言治生者祖”。他既是商业经营的鼻祖，也是商业经营的思想家；他十分重视研究生产经营的规律，注重经验的积累，因此提出了许多行之有效的经商致富思想，并对后世商业经营的哲学理念产生了非常重大的影响。那么，白圭曾提出过哪些思想呢？

一、“乐观时变”的原则

“乐观时变”即在经营活动中必须注重市场信息的研究，及时预测和掌握市场行情以决定经营时机，而市场行情的预测，又必须建立在丰富的知识和对生产经营规律的认识上，而不是凭主观想象。白圭主要经营农产品，因此他从生产决定市场商品供应量的角度出发，研究农作物收成状况与气候之间的变化规律，然后决定自己经营活动的取向和时机。他认为农作物收成的丰歉是每 3 年一个小循环，每 12 年一个大循环，因此农产品的供应量也会发生周期性的变化，从而他的经营活动也要进行周期性调整。我们从其言行中可以看出，一个真正的智者除了掌握专业知识、善于积累经验外，更要善于研究市场信息，洞悉难以察觉的周期规律，这样才能准确地推测市场变化，为做出正确决策奠定基础。

在我们今天的投资活动中，同样需要做到“乐观时变”。我们需要从不同角度来研究市场忽隐忽现的规律和其中蕴含的变化，尽可能准确地掌握市场变化趋势。《易经》中的三原则为“变易、简易、不易”，指的就是世间万物会永无止境地不停变化，且万物的内在原理虽深奥复杂、让人迷惑，却总是遵循一定的变化规律。事物的循环变化永不停息，故世间万物唯一不变的就是变化本身了，因而市场参与者必须拥有把握变化的能力，做到跟随投资的变化而进化自我，这样才能消除长期投资活动中经验理论的不适应性。在人类活动中，对任何理论的盲目定义和肯定都是阻碍人类思想解放的绊脚石。在探索任何领域时，坚持一条路走下去的人终将无法到达目的地；而正确的探索之路是宽阔的大道，这条大道包含无数条小路，是包容和发散的。这也是本书副标题“如何在股市中进化”的意义。

虽然预测市场的走向十分困难，但市场经常展现出一些既定的、可预测的周期模式。从统计学的角度来看，股票投资在某些情况下表现的周期性趋势非常强，任何投资者都不应该将其忽略。本书将引导读者从各种角度观察股市中隐含的周期性和循环模式。

二、“人弃我取，人取我予”的智慧

这与范蠡的“待乏”原则一致，即“夫岁熟取谷，予之丝漆；茧出取帛絮，予之食”。就是说，在粮食收获季节，农民急于出售粮食，供过于求，粮价下跌，就适时收购它，并出售丝漆；而在蚕茧出产的季节，丝物就会便宜，此时应当买进蚕茧和丝织物，并出售粮食，满足农民所需。在青黄不接、农民需求粮食之时抛售这些储存的粮食，既可稳定蚕茧、丝帛的价格，又可获大利。如此一来，客观上调节了商品的供求和价格，对生产者和消费者都有利，这也是行“仁道”。“人弃我取，人取我予”这一原则至今仍为许多经营者所遵奉，世界华人企业家如船王包玉刚、地产大王李嘉诚等人都自称是依靠这一经营原则而获得成功的。

白圭的经营之道是在他丰富全面的知识基础上总结出来的。他的知识结构中既包括经济学、农业学，也有兵家战术，特别是他开历史先河把《孙子兵法》运用于经济管理，更奠定了他“治生鼻祖”的地位。春秋末期军事家孙武提出了“人欲我予，人弃我取”，白圭把它运用于商业经营中，以“乐观时变”为依据，在竞争中坚持“人弃我取，人取我予”的原则，在商业竞争中屡获胜利。这种经商思想，对中国近代的民族实业家如卢作孚、陈嘉庚等都产生了深远的影响。在近代中国，民族资本主义企业力量薄弱，如果在同外资企业竞争中“人取我也取”，则必败无疑。事实上，他们采取了“人弃我取”的做法，如卢作孚办航运，首先选择川江。当时国际航运发展大多选择打通海港再进江河的做法，而卢作孚却选择了先江河后海港的方式，避开了与资金雄厚的其他大型航运公司的正面竞争，并率先取得了江河航运的发展机会。在面对外国轮船公司的资本优势时，他统一了川江航运，将为数众多的小公司联合起来一致对外，体现了“人弃我取，人取我予”的经营哲学理念。陈嘉庚创业之初经营菠萝罐头厂。在新加坡，菠萝的种植历史悠久，但受自然环境的影响很大。而陈嘉庚却看到了机会，他在菠萝行市走低时大量收购廉价菠萝制成罐头产品，极大地减小了菠萝价格的波动，且稳定的收购价格也让菠萝种植者获利。后来，陈嘉庚又以极低的价格购买了大片菠萝种植园，并开始发展更有前景的橡胶种植业，这为他日后成为新加坡的“橡胶大王”奠定了基础。“人弃我取，人取我予”是对商业哲理的领悟，可见白圭的思想对后世影响颇为深远，少有人能比。他之所以有这么高的地位，就在于他的思想具有普遍的哲学指导意义。

“人弃我取，人取我予”是中华民族千百年来智慧的结晶，而今天真正能够理解其中含义的投资者却寥寥无几。市场中普遍流行的价值投资理念更倾向于投资业绩优良、发展趋势向好、前景明朗的公司，而丢弃那些面临困境、业绩下滑、股价处于低位甚至有可能面临被清算的公司，但我们很少想到这些遇到危机、易被大众忽视的公司其内在价值也有可能被市场严重低估了。本书将利用逆向投资策略分析市场中存在的巨大潜在价值，并结合数据实践性地跟踪和研究市场中的变化。

三、“智、勇、仁、强”的人才素质观

一个优秀的经营者，仅有理论知识还不够，因为他所面对的是竞争激烈的市场，他需要决策。怎样才能做出科学的决策？又怎样才能使自己的决策有效地实施？白圭提出：“是故其智不足与权变，勇不足以决断，仁不能以取予，强不能有所守，虽欲学吾术，终不告之矣。”所谓“智”就是“足以权变”，指经营者通权变，观时变，能够出奇制胜，善于把握市场变化趋势，并能及时对市场信息做出反应的智慧。市场信息复杂多变，而市场竞争又激烈，如果没有理论、经验的积累就不具备正确判断市场行情的素质，就不可能在竞争中取胜——智足才能权变。这与孟子的权变思想[①]及美国著名管理学家菲

① 理解为追求变通，将儒家原则灵活运用于变化莫测的现实。

德勒的权变领导模型[①]有异曲同工之处。

“智”在投资活动中也代表着技多不压身。在投资市场中具有广泛的知识积累非常重要。好的投资者并不只是学习专业理论，也要博古通今，运用多方面的知识提升自己的能力。本书将从多角度对投资活动进行阐述，尽可能多地让投资者多角度了解投资活动中常被忽视的问题，更好地将我们所学到的知识运用到投资中。

投资本身是一件有风险的事情。所谓“勇”，就是指经营者一旦瞄准了行情，就要当机立断、果断决策，并勇于承担风险。对市场形势的分析，有的时候是不全面或不完全正确的，但若等到完全看准行情，此时市场信息可能已发生新的变化，所以就要及时、大胆地做出决策；否则，可能错失谋利时机，是故“勇”“足以决断”。一些投资者在遇到机会时瞻前顾后，优柔寡断，以致错过最佳时机，追悔莫及。因此，我们除了需要具备丰富的知识经验，更需要良好的决策能力，才能适时把握市场中出现的机会并克服心理障碍做到当机立断。本书将与大家一起来探讨如何提高自身的决策能力，真正把握市场中所能遇到的各种投资机遇。

“仁”是指在“取”“予”上懂得“先予后取”“予之为取”“多予多取”的辩证关系。因为企业最终的目标在于获取利润，但若不给员工以优厚的待遇，不给顾客以优质、优价的商品，其结果则是欲取不能，甚至被竞争对手夺取，是故“仁”方能取予。虽然在股票投资市场上承担风险是自愿的行为，但人们更希望寻找那些诚信、自律并

---

① 该理论认为没有普遍适用的领导方式，在不同的情况下，不同的领导行为会有不同的效果。

能够切实将股东利益放在正确位置上的企业。只有这样的企业及管理者才能够带领所有为企业发展贡献一己之力的投资者走出各种困境，并稳步走向繁荣。而那些不具备“仁”性的公司或管理者最终会被理智的投资者所抛弃，这也是政府提出“保护投资者”的核心所在。

所谓“强”是指对已经做出决策的投资活动，要有坚强的意志和毅力。因为投资是一件艰苦的事情，由于各种因素的影响，它会出现波折、反复甚至使自己陷入困境。在这种情况下，若错误地放弃就会使自己所有的努力付诸流水，造成事后遗憾。“强”才“有所守”，如果我们把“勇”看成把握时机快速决策，那么“强”就是对我们决策目标的坚持。控制欲望、严以律己、培养信心，才能提高自身的心理素质，并改善可能会导致不良结果的投资习惯，成为素质优良的投资家。

四、崇尚勤俭的思想

白圭虽然是当时天下首富，但他“能薄饮食，忍嗜欲，节衣服”，是当时一般商人所不及的。节约的真谛在于把资源用在最需要的地方。从经济学的角度来说，在这种情况下资源能够发挥其最大的价值。浪费就是把资源用在了并不需要的地方，资源本身的价值并没有得到实现。勤俭不仅是一种美德、一种健康的精神，更是人生之品行、不卑不亢之态度。勤俭能让我们律己并克制欲望，杜绝浮躁的非理性生活习惯，达到修身养性的状态，是我们需要修炼的至高境界。勤俭能够让我们保持积极进取的态度，让我们专心做真正有价值的事情，能将投资从点滴做起，使得财富的利用价值大大提升，“是故虽日计之不足，而岁计之有余”，财富终将积土成山、积水为海。许多大投资家、大资本家曾经也和我们一样是普通人，但除了他们的智慧和胆识之外，勤俭的人生态度也是他们走向成功的必然原因。

如今的经济活动及金融领域纷繁复杂，很容易迷惑我们，影响我们的正确抉择。本书将通过对白圭理论的解读，利用逆向思维并结合市场上普遍存在的“均值回归”理念，大道至简地去除杂乱无章的市场表象并探究根本原因，结合检验数据、列举实例，立足于实务导向，以学术及实务方式对投资市场进行研究，带领大家一起探讨影响投资市场的深层原理，寻找市场中普遍观点对投资机会的影响，并以此来展现逆向投资策略的特性，从而让大家看到投资世界中被人们忽略的真正的投资机会。

肖　瑞

2020 年 1 月

目　录

第一章

“乐观时变”——看清市场中的变化

第一章

小说写作的起点——“定位原则”

一、关注万物皆有的周期性

世间万物均有其周期性规律，小到生老病死，大到宇宙中万物的循环往复，周期性运动是一切事物发展变化的一般性规律。《道德经》中曾说：“天道无亲，常与善人。”其意思是大自然对于世间万物从来都是没有亲疏的，它们只是按照自己特有的规律运行变化着，这种运动及变化完全是自然规律所造成的，没有目的性也没有功利性。地壳运动会带来风险，但由于我们并没有很好地掌握和认识它运动变化的规律，因此无法进行充分的防范。随着人类科技的不断进步，人们会更多地认识、掌握，甚至利用自然规律使这些灾难转化成益处，让大自然的力量为我们带来更多的好处，终得到“常与善人”的恩赐。

投资市场中同样存在着规律性的变化，只不过这些规律与周期变化更加隐蔽、难以辨别。下文我们就从各个角度来探寻投资市场中的周期现象。

1. 市场中普遍存在着周期性

投资市场中存在周期性的运行规律，只是不同事物的周期表现形式不相同。大众常常参与投资的债券市场与股票市场因其功能不同经常会表现为跷跷板关系的周期性规律。即使在全球经济一体化的今天，也没有哪两个国家的股票市场会呈现出周期性规律一致的现象，这需要我们用慧眼来识别。练得一双慧眼需要长期对知识与经验的积累，这是修炼的过程，也是悟道、得道的过程，“道”所代表的就是世间万物运动变化的规律。我们需要从自我修炼的角度出发，放眼大局，正确地认识世间万物的“道”，掌握其变化规律并为我们所用。

2. 有人参与便有周期性，人类行为存在着情绪化周期

股市投资中随处可见大众的情绪化痕迹。最大的情绪化周期莫过于市场在大级别牛市尾声时的一致性看好及漫漫熊途即将结束迎来黎明之前对市场的恐惧和远离。事实证明，人类始终会被投机市场带来的金钱利益所吸引，并在遇到灾难时产生恐慌绝望，对此我本人深知其中道理：当遇到市场绝望时期时并不必担心，因为未来人们会再次冲进狂热的市场中去。

任何与市场有一定联系的社会性事务、新闻报道、外交关系等都会引起投资大众的情绪变动。如我国“两会”期间，股票市场波动表现得更加缓和，或当新闻报道对某些事件过度关注时，市场中相关投

资标的的波动就会加大等。这些从长期来看不会对市场造成影响的事情，在短期内却会左右大众的投资情绪。投资市场看起来更像是生物基因，永远处于无序节律调整中的稳态。

3. 当别人忘记周期性时，最大的机会就会到来

当人们心理认识发生变化，认为周期将会发生改变而目前的趋势将持续下去时，往往是最危险的时期。当市场上演极端行情之时周围处处会充斥着"这次跟以前不同"的声音，人们就像得了健忘症一样忘记了曾经的伤痛，这通常是很危险的。此时我们除了保持高度的警惕性，更需要认清市场的本来面目——少数人终会赚取大多数人的利益。

理智永远不可丢下，我们要善于利用市场中其他人的错误来为自己赢得机遇。

2015 年 5 月，股票市场一片繁荣，各种针对市场的利好消息满天飞，民间的借贷资金充裕，导致大量热钱持续进入股票市场，并形成了大量的投资杠杆，泡沫迅速变大。

我们都知道，高度负债的市场是十分危险的，尤其是当市场中经验不足或因高度杠杆投机而失去耐心的人数量大增之时。这些短视的投机者随时都会逃掉，导致市场稳定性降低。

在上海的每个角落——地铁上、街边的咖啡店里，甚至在菜市场都能听到人们兴高采烈地谈论股票。马路上匆匆而过的人们也在随时翻看手机中的股票行情。我意识到巨大的潜在风险正在逼近，于是清

空了自己所有的股票，静下心来成立了我现在的公司，朝着成为专业投资者又迈进了一步。

2015 年 6 月，我曾约见了一位职业投资者，他进入股票市场已经有十几年了，地方电视台有为他专门开设的股票评论栏目。他对股票的痴迷已经到了很深的程度，甚至声称用他自己设计的某个神秘指标能够预测股票指数将会达到的某个具体点位，并对我在近期将自己所有的股票清仓感到惋惜，尽管我极力向他表述自己认为目前市场处于极端危险的边缘。

尽管如此，我们仍然成了朋友。我也明白在这次见面之前他的确依靠大量的杠杆资金取得过巨大的成功，他是那种完全依靠自己的交易能力从无到有逐渐走到今天的人，但我对他频频利用大量杠杆资金投机股票感到不安。分手前，为了向我表明他对这个市场的信心，他还神秘地让我看了他的股票账户。我可以证实他当时的本金加上杠杆资金购买的股票组合价值超过了一亿元。由于我们对目前市场风险预估的严重分歧，我与他打了赌，约定在同年的 7 月份见分晓。

此后不久，股市的灾难突然发生了，毫无预兆又似早已预料。很明显我赢了，但是他并不承认狂热的投机游戏已经结束，依然认为这与曾经市场的崩溃并不相同，目前这些下跌只是正常的调整而已。但这真的只是普通的调整吗？我无法认可他的看法。

由于我依然无法说服他抛售掉手中股票来避开这种由杠杆效应导致的市场疯狂上涨与管理层去杠杆防风险导致的市场下跌之中所隐藏的极端风险，我们又延长了“赌期”。

在接下来的日子里，市场的崩溃愈演愈烈，先前对投机的狂热已经完全转变为疯狂的“踩踏事件”。那时的股票市场就像一台粉碎机，将那些还在市场内希望分到一杯羹或者希望起码能保留住本金的投机者的财富与幻想统统碾碎。而我依然远离着这个狂躁的市场，也从没幻想过从其中的反弹中赚取一丁点的利润。因为我能隐约感到，这个泡沫的破裂可能才刚刚拉开帷幕。

对趋势的正确预见让我欣慰，我甚至愉快地主动拨通那位曾经和我立下“赌局”的朋友的电话，希望亲耳听到他对我的正确看法的认同，但当我听到他因为无法为大比例借贷资金追加保证金而面临平仓并将失去所有金钱时，我对自己之前的想法感到无比惭愧，毕竟这个朋友沉浮股海多年，凭借自己的能力创造出来的这一切如今却又毁在了自己的手中。这也让我想起了股市中那句老生常谈的话：“当有人向你预测具体股票的点位时他肯定是错了。”如今这个令人叹息的结局正是他在狂热高涨的市场中忘记了投资市场中兴衰交替的自然规律导致的。

作为市场的参与者，我们必须长期不懈地观察市场的发展，细心把握市场的脉搏，感受市场的呼吸节奏，必要时还要敢于在毫无希望可言时参与进去，只有紧贴这个市场才能更深刻地感受到它的细微变化。“春江水暖鸭先知”，当市场开始逐渐向好时，你便会比别人更早感受到水温的变化，也更容易做好迎接市场春天的准备。如果不能冷静观察甚至忽视这个市场规律，将会带来很大的麻烦。记得 2013 年上半年，经历了漫长的熊市、股票指数屡创新低之后，市场逐渐温和起来。某日，我和多年未见的好友闲聊，他是一位热衷于股票投资但却谈不上专业的人，他大部分的投资决策就像跳舞时踩错了节奏一样，频繁地失误，这让他对处于熊市的这个市场产生了严重的抵触情绪，并早已彻底不再关心股票了。我认为他之前的投资计划与行为也许是受到了大众行为和市场情绪的干扰，且投资理念也存在一定的问题。当我向他表示目前的策略应该是积极参与这个市场时，却被他言辞激烈地拒绝了。我震惊于他当时激烈的反应，也语气强硬地对他说："除非你真能永远放弃这个市场，但如果你现在不参与进来，又如何能保证当未来市场再度火热时你也不会参与？"我深知当这个市场疯狂时永远不会缺少失去理智的人，人们无法抗拒金钱的诱惑，强大的诱惑力甚至会像恶魔扎根心中无法摆脱，这将对生活在物欲世界中的人带来无法言喻的灾难。

几年之后，当我再次见到这位朋友时，得知他又一次以投资惨败而收场。当我们忘记了市场中永远存在不灭的周期性时，最大的灾难与机会便会到来。同时，要知道我们认同的观点只是我们的舒适区而已，我们更应该探究自己所不认同的观念。

二、逾越周期性的大趋势

市场的发展趋势本质是人类社会经济发展的映射。自中国证券市场建立以来，市场在大方向上始终处于一个长期牛市状态，但牛市是否仍能长期存在或在短期内变为周期性熊市，则需要我们好好理清根本性的问题。

“长期”代表没有明确期限的趋向性表现；周期是指大致有时间规律的期间和价格波动的区间。人性中恐慌、贪婪、短视并喜爱随波逐流等弱点，使金融市场充满了投机性及短期的随意性，但严格来说，长期趋势代表长时间被社会认可具有明显追逐意义并能促进人类社会发展的趋势。因此，我们需要从认知上确立股市对人类社会发展的重要意义，这些都将是造成股市长期趋势的基本条件。

1. 易学难成的投资市场领域，专业性实践将成为趋势

唐宋八大家之一的韩愈在《师说》中提出“闻道有先后，术业有专攻”，意思是所听到的道理有先有后，技能学术各有研究方向。我们不可能对所有领域都有所涉猎，总有擅长的和不擅长的。拿我国的高校举例，为什么会有航空职业技术学院、体育学院等专业院校？为什么不都办为综合类大学，且每个学校都设置相同的专业呢？这就体现出了专业分工的意义，即集中专业领域的专业人才做最专业的工作和研究。所以我们国家才会有神州系列载人飞船的升天，才会有体育健儿在国际赛场上为国争光。

专业领域的分工远比各自为政、孤立生产要好得多。就像生产一辆汽车，由德国提供发动机、美国提供车框架、泰国提供轮胎、日本提供保险杠、韩国提供车灯……最后都在中国进行组装加工。我们从中利用不同的优势进行互补，从而生产出性价比高、质量优良的汽车。

下面让我们来看看股票投资领域是怎样“易学难成”的。

熟悉投资市场的投资者都清楚，大众投资股票相对于投资商品具有门槛低、流动性佳、交易方便等特点。中国正在经历全民炒股的时代，大众参与其中的热情较高，但即使中国市场经历数次的火热行情，大众投资者的收益却似乎永远摆脱不掉“一赚两平七亏损”的魔咒。那么市场中的机构投资者是否会做得更好呢？答案是否定的。曾有研究数据显示，在交易市场中，绝大多数机构投资者与大众投资者有着同样的表现，狂热地追求那些热门高价股票并抛售令人恐惧的冷门低价股票，这使他们常常保持着高买低卖的不良投资记录，这些机构投资者甚至会在毫无风险意识的情况下将某类行业股票热捧至超高的价格从而造成该行业股票出现极大的泡沫。这些机构专业投资者掌握着大量资金，却常常纠结于每个月或每个季度的排名高低，他们的操控人有的甚至几乎不具备股票投资的实践经验。在 20 世纪 80 年代的美国投资市场中，专业投资机构的队伍中曾经充斥着一部分没有投资经验的学院派投资管理人，他们操控着大量的市场资金，频繁制造各种资产泡沫，最终给那些曾经相信他们的投资者造成了无法挽回的巨大损失。当时的美国市场已被变成纯粹靠投机取乐的“赌场”。这些毫无经验的经济学投机者根本不会成为优秀的投资者，他们注重理论，却忽略了理论之外更重要的实践经验。

今天越来越多的国际著名投资公司都会对“理论型”的专业人才保持谨慎的选择态度。资本市场的稳定发展和成熟，除了依托合理的政策，也需要实践经验丰富和道德规范的管理者。

2. 市场的发展是资金集中化的过程

任何国家资本市场的成长历程都是资金逐渐集中的过程。

从朱明忠等所著的《中国股权投资基金发展新论》中可以看到，以美国为例，美国三大证券交易所个体散户日均成交量仅占总体成交量的11%；其中超过1万股的大单中90%是在机构与机构投资者之间进行的。相比较而言，中国市场的成交量近90%由散户贡献，而机构投资者只占了大约10%。

据数据统计，自1945年以来美股散户投资者由占市场95%的比重降至现在的10%，而市场中机构投资金额则由不到10亿美元增长至目前的近10万亿美元，有60%的家庭投资于基金，基金资产占所有家庭资产的40%左右。

我国的证券投资基金最早创立于20世纪90年代初期，日后逐步规范。其先后经历了以下阶段：

探索阶段。这一阶段主要是从1992年开始，到1997年11月14日《证券投资基金管理暂行办法》颁布之前。

发展阶段。这一阶段又分为2001年8月以前的封闭式发展阶段以及2001年9月以后的开放式发展阶段。随着市场规模的高速扩容及基金家族的不断壮大，证券投资基金趋向多元化、国际化、规范化的发展。2006—2017年年底，基金业可谓蓬勃发展，证券投资基金的资产份额从2.5万亿元达到54万亿元。而与某些发达国家成熟的基金事业相比，我们还有很大的差距。

以发达国家股票市场历史经验为依据分析。随着投资市场专业投资者的数量逐渐增加，资金结构变得愈加集中，更易奠定股票市场长期稳定繁荣的基础。我国的市场正在经历这些过程。与发达国家资本市场机构投资者相比，我们的大型资金管理者有可能存在缺乏严谨管理、缺乏市场实践经验、缺乏理性、行为短视等问题，而这些不足都将在市场制度逐步完善之后，由市场缓慢地进行调整并自然淘汰。提高大型资金管理者的素质将会很大程度上促进市场长期繁荣稳定。

3. 股市——经济发展离不开的市场

股市的形成能够积聚和集中社会的闲散资金，扩大生产建设规模，为国家经济建设发展提供动力，推动经济发展并收到“利用内资不借内债”的效果。

股市的发展可以促进我国经济体制改革，特别是股份制改革的深化发展，有利于理顺产权关系，使政府和企业各就其位，各司其职，各用其权，各得其利。

放眼股市的未来，它可以拓宽我国利用外资的渠道和方式，增强对外国资本的吸纳能力，有利于更好地利用外资并提高经济效益。

股市对于社会经济和各行各业的发展起到了重要作用。它促进了社会性融资，这种规模是银行贷款无法比拟的。世界上任何一个行业之所以能快速成长、繁荣、成熟都拜股票市场所赐。

我国于 2014 年 11 月“沪港通”开通、2016 年 11 月“深港通”开通，目前正在积极筹备“沪伦通”，这些都可以明确看到今后市场的“通”族会越来越多，股市对外开放的渠道会更加广泛，这在未来也是造就我国股市长期繁荣的因素之一。

1980 年 1 月 1 日，随着改革开放之后中国第一只股票“红砖股票”的诞生，中国逐步走上了社会主义经济建设的股份制改革的道路。在经历了反复论证和实践后，深沪交易所最终成立，股份制被注入了中国经济的血脉中。

沪深交易所的建立，代表了中国政府对实现股份制改革的目标有着坚决的态度和决心。在市场发展中，监管约束与积极促进始终相伴左右。由于市场的运行有着自己的规律，具体的政策无法长期影响市场的运行，中国政府对股票市场的大力监管经常与市场的运行表现为反周期规律。对自 20 世纪 90 年代初成立市场至今近 30 年的市场政策的研究可以证明以下普遍存在的规律，即监管机构常常会在极度低迷的市场环境下制定积极拓展市场的政策，而在市场牛市高涨期规范监管的力度逐渐加大，这种调节市场的反周期政策对稳定整体市场有着很好的协调性，而对市场的规范监管及制度的逐步完善将会很好地引导市场稳步向前。

世界上的任何市场从不成熟到成熟的发展过程都将伴随巨大的资本飞跃，我们应该在市场尚未完全成熟之际积极参与其中，以待在未来市场逐步完善的过程中获得超额的回报。

三、隐藏在市场中的周期

不同的市场状况意味着不同的风险及收益，搞清每个阶段中市场的表现很重要。我们需要辨别市场中不同阶段的状况。如果没有行情的上涨，就无法造就成功的投资者。在股市中，任何人的获利均来自牛市行情，即使股票市场从长期来看繁荣向好，如果不了解并掌握其中的周期规律，我们依旧难以获得好的收益。那么如何对牛市的来临做出准确的判断，如何防范“假牛市”带来的迷惑性，就变得非常重要。

人的生命与市场的长期趋势相比要短得多。自从沪深股票市场成立以来，我们共经历了三次大的周期（牛—熊）市场转换，分别为 59 个月、116 个月和 143 个月（此周期仍未完全形成），在如此长的周期中来把握市场的机会非常不易，所以我们应注重培养在有限的生命中分辨周期性牛市和熊市的能力。因此，我们应该对长期趋势中所含次级周期和中期性上涨及下跌进行辨别。

1. 货币周期

了解信贷周期能帮助我们最大程度地了解市场的运动方向。简单来说，就是这个市场是否缺钱，因为资金供求关系才是始终影响股票市场的基本要素。按照我国货币政策与投资市场的联动关系，我们大致可以看到货币周期对市场的影响分为以下几个阶段：

第一阶段，当经济处于衰退期时，央行开始降低利率来刺激经济。

此时财政政策的宽松并不会造成股票市场的积极反应。之前市场的持续低迷造成了大众的信心普遍不足，但不必担心，资金传导到股市中需要一段时间，这时的股市通常处于黎明前的黑暗时期。此时债券市场经常表现为持续向好的牛市。

第二阶段，由于财政政策的持续宽松，大量资金已经进入股票市场并具有了流动性，此时的股票市场开始慢慢走出谷底，并逐渐恢复市场信心，但实体经济依旧表现平平 ，资金并未传导至实体经济。与此同时债券市场的吸引力开始逐渐下降。

第三阶段，由于资金的持续涌入提高了股票的价格，市场信心的增加又吸引了更多的资金进入股票市场，从而造就了繁荣的牛市。股票价格的上涨还使得企业拥有了大量可用资本，此阶段企业之间的并购、重组、收购成了家常便饭，同时也促进了社会经济的快速发展，出现欣欣向荣的景象。

第四阶段，股票市场超高的投资回报率加剧了资金的泛滥和泡沫的增大，最终增大了通货膨胀的压力。政府开始调高银行利率、紧缩信贷并制定紧缩的货币政策来抑制通胀压力，而此时的股票市场依旧迭创新高，似乎未受到任何影响，因此中央银行在政策上也会通过不断加大货币紧缩的力度来控制过度投机。这一阶段也正是股票市场风险大幅积聚的阶段。

第五阶段，收紧的货币政策造成的资金紧张终于开始传导至股票市场，加剧了市场的波动。各种股票的价格变得更加不稳定，股票价格的快速下跌更加剧了资金的逃离，因此熊市出现了。

在漫长的熊市中，企业因为股票价格的大幅下跌而变得资金紧张，最终导致股票市场持续低迷。同时长期发生这种情况会导致公司因资金紧张而爆出各种“黑天鹅事件”[①]，并引起消极的连锁反应，最后导致社会经济形成有规律并不断向下的螺旋结构。

社会经济持续中长期低迷，终会使得财政政策再次转变为积极宽松的状态，又一轮新的经济周期就这样拉开了序幕。

货币周期是经济周期性中一个重要的因素。通常来说，过度的外债和外生经济变量冲击是导致经济发生周期性变化的根本原因，而财政政策导致的资金周期是经济周期的重要导体。

资金周期是造成市场周期的重要因素。由于我国政府通常对财政政策实行反周期调控，这无疑对我们分析市场周期的形成创造了有利的条件。

了解资金周期及其对投资市场和实体经济造成的普遍影响后再结合各个领域的不同情况，我们就能够大致客观地分析出市场中趋势变化的预警信号，理解宏观的货币经济周期，并认清微观市场状况。这是每个市场投资实践者必须掌握的基本能力。

2. 时间周期

在中国的股票市场上流行着“七年造一牛市”的说法。这种说法不无道理，自中国股市创立以来，的确存在着以七年左右的时间为基

① 指非常难以预测且不寻常的事件，通常会引起市场连锁负面反应。如在每轮熊市中，一些公司会出现股票质押行为，由于熊市的进一步发展，这些公司将面临强行平仓带来的风险。

本单位的循环情况，只是这些周期会因为市场环境的不同而有所差异，单从时间上我们依然无法具体识别这一现象。我们还会常常感慨“选时比选股更重要”这句话，即使在牛市中股票的上涨依然有时间顺序。如每次新一轮大牛市到来之前，中小盘科技创新型企业的股票更容易首先获得上涨动力；之后，依次表现为成长股、概念股、大盘蓝筹股等，这些在时间上都有着依次循环的规律。但我们不可以把时间周期这一单一的因素作为市场价格涨落的基础，更应该把经济周期、产业周期等因素考虑在内并作为分析周期的手段。

3. 产业周期

不同的公司在社会中有着不同的产业分工。每个公司所处的产业兴衰周期不同，造成了每个阶段中的表现不同，但所有的产业又同时受社会资金流动性的影响。

通常情况下，当一个公司在上市初期，其所处行业往往处于产业兴旺、盈利能力强大的时期。此时我们从财务报表上可以看出，无论是公司净利润还是销售现金流，甚至是突飞猛进的每股收益都让我们激动不已。当这个行业慢慢趋于稳定，更多的公司进入这个行业会导致激烈的竞争，产业的份额也渐渐被瓜分，市场对公司产品的依赖程度开始降低，也因此影响了公司的利益。再往后发展，当公司产业达到饱和时，众家公司为了生存而争夺市场，甚至在产业内出现恶性竞争，此时原本为公司创造最多价值的产品的利润也变得微乎其微，公司失去竞争力，那么这个公司就已经处于衰退期了。

通常在整个行业衰退期间，行业内每个公司的资金面也都是紧张的。这个阶段中优秀的公司管理层会积极地进行技术改造、产品升级等，并制定新的管理策略来适应目前的市场，迎接下一个行业增长阶段，而那些未能积极主动寻求到正确办法来对付行业衰退期的公司就会被淘汰。

企业的发展都是“进三退二”，在增长时发展壮大，而在衰退时面临被淘汰的风险。

这是每一个参与竞争的企业都会遇到的情况，只是不同的产业兴衰情况不同，拥有不同竞争力的公司所经历的过程也不相同，但由于国家对经济的调控，所有行业的兴衰过程大体上会趋于一致。我们需要做的是在衰退期挑选到正确的股票而在市场流行的时候抛售它们。

在市场中，周期兴衰最为明显的行业为钢铁、煤炭、机械制造、船舶等，甚至仅从财务报表上就能看出这些行业的周期交替性。著名的投资大师彼得·林奇曾经说过：“周期性行业的股票要在市盈率高时买进，而在市盈率低时卖出。”① 这也是对周期性产业兴衰的另一面做出的很好的诠释。

4. 流动性周期

股票市场中的流动性是由市场中交易者们是否愿意参加更多次数和更多数量的交易所决定的。有意思的是，在这其中我们也能看到明

---

① 行业周期性强的股票，每股收益相对股价的变化更大，故在股价波动较小的基础上，每股收益受周期下行影响大幅下降后，市盈率大幅提高；而在每股收益受周期上行影响增加时，同样的因素导致市盈率大幅降低。

显存在着的规律：一般在股票市场行情高涨时，交易市场内充满了令人愉悦的气氛，每位交易者都希望能够依靠上涨的行情让自己多分到一杯羹，市场中大胆的短期交易者也变得更多，此时的市场交易量也屡创新高，这时流动性变得很强。这种情况与赌场有很大区别。通常在赌场内，流动性是很少发生改变的，赌场里有很多的固定客户，而身在场外的人也不会在某一时段突然涌入赌场里参与赌博，赌场每日或每周的流动性基本常年保持一致，很少出现大的波动。而在股票交易场内情况则不同，当活跃的市场出现转变时，那些以短期投机为目的的人会疯狂抛售股票，导致价格波动加大，而股票价格的突然下跌又导致众多短线投机者不愿接受损失，使他们逐渐成为长期被动持有者。在漫长的熊市过程中，短期投机者们长期被动持有的股票的数量越来越多，由于市场低迷期的延长，短期投机者对市场的信心逐渐消磨殆尽，直至某天由于市场上传来的某个消息或发生的事件让他们不计成本地恐慌地大量抛售，而此时的股票长期持有者将成为对市场有信心的投资者，之后市场中可交易的股票数量逐渐减少，使得这个时期内市场流动性变弱。最终市场转暖时可交易股票数量的稀缺将会让股票的价格大幅上升，使股票变得炙手可热。市场中的这种供求关系才是影响股票价格最重要的因素。

在股票市场中会常常出现这样的流动性周期，现在我们可以从更多的角度来掌握市场的规律，即在市场流动性强时保持谨慎，而在市场流动性弱时大胆一些。

四、分辨大周期中的次级周期

社会经济与股市的发展方向始终保持一致但又无法同步。著名投资家安德烈·科斯托拉尼曾说过："这更像一个人带着他的小狗在散步，狗总是一会儿在前一会儿在后，但始终不会离主人太远，且他们都是朝着同一个方向前进的。当主人慢悠悠地走了一段距离后，它的小狗却跑来跑去地走了更长的路，这个主人就是经济，而小狗则是股市。"

从长期情况看来，经济和股市都是朝着相同方向发展的，但在发展过程中，两者有时也有相悖的时候。我们需要在大的发展趋势中找到那些次级周期规律并尽量加以利用。

参照图 1-1 深证指数、图 1-2 上证指数来看，从沪深市场诞生至今，市场可分为三个大牛熊周期，其中在每个大周期中又包含了三个次级周期。但从总体情况上看，市场三大周期阶段的底部逐步抬高，表明我们的市场一直处在长期大型牛市的趋势之中。我们从图 1-1 中三大周期的时间观察：1991 年 4 月至 1996 年 3 月为第一周期；1996 年 3 月至 2005 年 11 月为第二周期；2005 年 11 月至今为第三周期（未完），为了方便辨认，图中的粗框标示了有史以来的三大牛熊周期，细框则标示了次级周期中的熊市小周期。

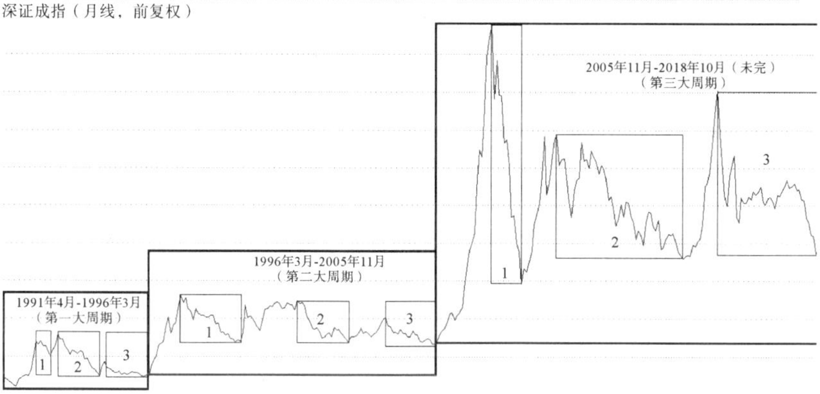

图 1-1　深证成指（月线）

（黑色粗框为牛熊大周期；黑色细框为包含在牛熊大周期内的熊市小周期）

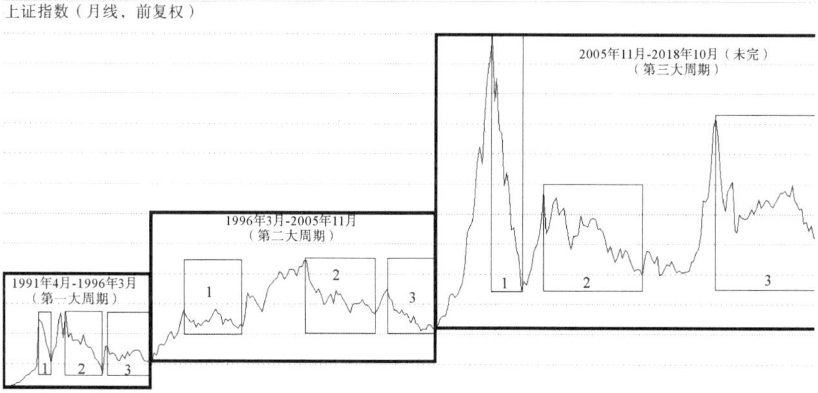

图 1-2　上证指数（月线）

（黑色粗框为牛熊大周期；黑色细框为包含在牛熊大周期内的熊市小周期）

分析大周期及次级周期可以看到，我们现在所处的周期正是第三大周期中的第三熊市小周期，是最后一个熊市阶段。分析表明，每个大周期中的最后一个次级熊市结束，意味着即将走进下一个大周期中第一个次级牛市周期阶段，这常常也是最为繁荣的一波牛市行情。这同时也意味着每个大周期的最后一个次级熊市阶段往往是下跌时间最为漫长且难以忍耐的时期，市场上常称之为“黎明前的黑暗”。

1. 大周期现象对次级周期的影响

从图 1-1 和图 1-2 中我们可以看到，与牛市相比，熊市具有低迷时间长的特点。让我们看看大周期牛熊市对小周期牛熊市的影响：

大周期牛市既包含了短而弱的小周期熊市，又包含了长而强劲的小周期牛市。而大周期熊市则包含了短而强劲的小周期牛市和长而衰弱的小周期熊市。由此可见，小周期受大周期总体趋势的强烈影响，形成助涨助跌的力量，大周期的趋势加强了小周期趋势的强劲力，两者互相影响。

2. 认识并利用次级周期

了解自己目前所处周期的阶段，并认清长期周期中的次级周期规律，对我们的投资有着四两拨千斤的作用。在大周期的牛市中，我们需要做的是集中火力并增强耐心，持久大胆地参与其中的次级周期牛市，并在次级周期熊市来临时谨慎合理地进行规避，还要在底部到来之时保持信心，消除心理上的恐惧，敢于先人一步，从而获取更大的利润。

五、简单但始终有效的方法

爱因斯坦曾说过：“真理是简单的，又不能是过分简单的。”我们认为在市场中不存在永远有效的真理，但却能在市场中纷繁复杂的信息背后发现一些简单且有效的方法，这些方法往往被大众所忽略，我们需要认识并发现其中的特点。

1. 沪深 300 指数为什么重要?

1998 年，上海和深圳两家证券交易所开始着手研究跨市场指数。2001 年，上交所首先研究方案，由中国证券监督管理委员会（以下简称“证监会”）协调沪深交易所共同进行开发。两家交易所于 2003 年达成共识并开始设计细节，形成了结合国内市场特点的跨市场指数编制思路。最终，2005 年 4 月 8 日，沪深 300 指数正式发布。沪深 300 指数是继上证 180、深证 100、上证 50 指数推出之后的以成分股①为样本且唯一能够覆盖沪深两市的指数，更能表现两个市场的综合浮动值。在当今世界主要发达国家的股市中，能被投资者广泛接受又能代表市场变化的指数基本上都是成分指数②。除上述优势外的其他优势为：沪深 300 指数成分股的盈利能力突出，具备较好的成长性；沪深 300

---

① 成分股是指能够反映一个特定股市变动趋势的代表性上市公司的股份。

② 成分指数是通过各种方法挑选出最具代表性的样本股票所建立的反映整体证券市场运行情况的基准指数。

指数成分股的分红与股息收益高于市场平均水平且估值水平低于市场平均水平；它可以代表机构投资的取向。综上所述，沪深 300 指数成分股在运行中体现了较好的盈利性、成长性和分红收益能力。同时，相对于市场平均水平，其估值优势也较为明显，已经逐渐成为机构投资者乃至整个市场的投资取向标杆，更有益于形成以机构投资者为主的投资者结构。

2. 利用指数辨别牛熊转折

基于对大量数据的分析，我们以沪深 300 指数作为衡量标的：50 天内涨幅达到 30%时可判断为上涨行情开始；50 天内跌幅达到 25%时可判断即将要出现调整行情。利用这种方式我们可判断市场的趋势，甚至通过数据测算投资沪深 300 指数其中的成分股来获得超常的收益。

然而，这只是分析数据得到的结果，并不代表实际投资能够达到这种水平，因为我们还需要考虑其他因素，比如如何做到完全平均投资该指数等。

图 1-3 表明，基于沪深 300 指数在 50 日内上涨或下跌的幅度进行买卖，市场涨幅累计为 342%，超越了同时期沪深 300 指数的 200%。

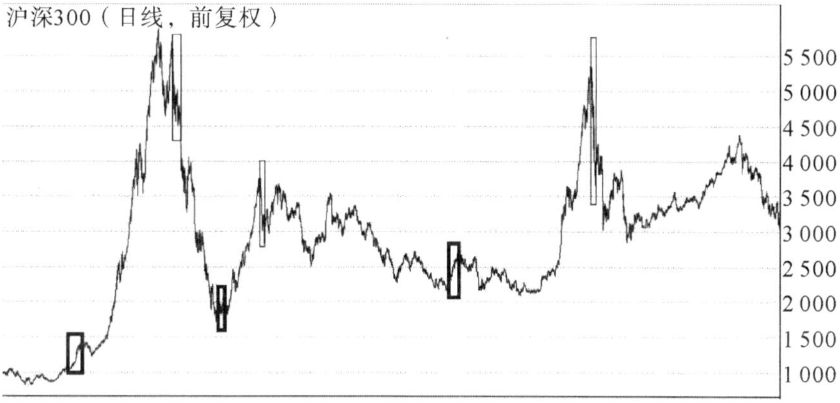

图 1-3　沪深 300 指数（日线）（2005 年 1 月 04 日—2018 年 10 月 31 日）

（黑色粗框代表 50 天内涨幅达到 30%的区域；黑色细框代表 50 天内跌幅达到 25%的区域）

3. 市场规律常与"三"有关

我们对投资进行分析可以发现在市场走势中常常充斥着与"三"有关的规律。一个完整的上升经常会被分为三波主升浪；一个下降的完成也常分为三个阶段（下跌—振荡—再次下跌）；牛熊行情中的调整都通常表现为形态结构相似的三个调整结构。不只是沪深股票市场中常出现与"三"有关的规律性结构，图 1-4 美股道·琼斯指数也反映了这个规律，且这个规律经常出现在大级别行情之前。认识到这个简单的规律对把握其中阶段性机会来说也很重要。

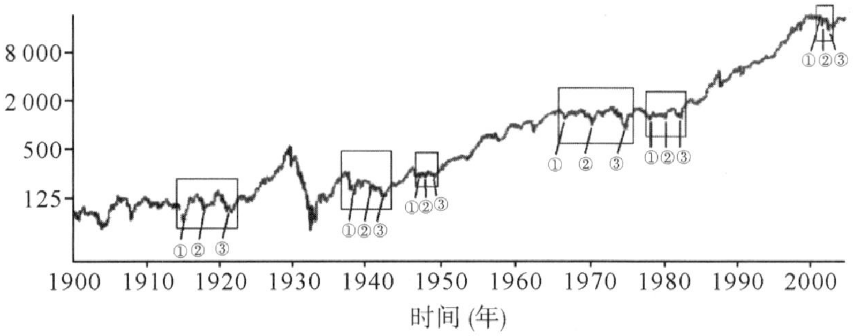

图 1-4　美国道·琼斯工业指数走势（1900—2000 年）

（图中黑色框分别为道·琼斯工业指数三次阶段性调整状态）

如果我们能够认识到市场大趋势中常常伴随着与“三”有关的调整的话，那么中国股票市场自 1992 年至今所经历的三次大牛熊循环是否也值得深思呢？

六、看准时机：市场发生变化的背景

市场中的牛熊交替、周期起伏就像身体生病痊愈的过程，病来如山倒，病去如抽丝，危机总是突然爆发，而恢复过程却常常是缓慢的。牛市从来不会毫无征兆地结束，导致牛市突然终结的原因是长期积累的风险因素。之后市场的修复也通常节奏缓慢、反复波动，而在下一个牛市形成的过程中各种致病因素再次逐渐积累，直到导致又一次病痛的来袭，循环往复。

现实中风险并不是一开始就有，而是戴着友善的面具潜伏在我们身边，我们需要仔细观察，防患于未然。

1. 和平稳定的环境催生繁荣的市场

战争与和平是影响股市的重要因素——时局越紧，投资者们就越不敢投资股票；反之则反是。只有在和平时期国家才会投入更多的精力发展经济，因为人们总是在追求更高的生活水平。

国家政治、军事的长期和平稳定，能够造就大周期性牛市。一直以来中国对待外交关系谨慎，主张和平，这都是造就中国未来股市大牛周期的基础条件。

国家政治、军事的不稳定会造成周期性熊市。例如美国的股票市场，在 1914—1918 年的第一次世界大战中，1939—1945 年的第二次世界大战中，以及 1955—1975 年的越南战争中，都出现了剧烈的波动。市场的繁荣离不开和平与稳定。

即使在和平时期某些因素也会影响经济的发展，比如税收政策或财政政策的调整等。我们会发现当出现较为强劲的通货膨胀时，中央机构通常会主动制定缓和的通货紧缩政策来抑制通货膨胀的加剧，这些调整有时是必要的，但的确会降低人们进行生产活动的积极性，减少财富的创造，造成阻碍。

2. 人类社会的技术进步造就繁荣市场

19 世纪末，美国铁路交通大力发展，带动了商业、贸易领域的繁荣，股票市场也开始欣欣向荣。科学技术的发展和人类社会活动的改变都会产生周期性牛市。例如 20 世纪末，互联网的强劲发展造就了令人瞩目的牛市行情，但大众对于互联网改变世界的想法却使这个泡沫破灭；21 世纪初期，宽松的货币政策导致地产价格大幅上升，致使资源型产业出现泡沫，并最终因美国的次贷危机而破灭；到了 2014 年年末，沪港通的开通及银行储蓄利息的持续低迷，导致民间资金大量逃出银行体系而进入投资性领域；融资融券的开通、股票配资的疯狂涌入共同导致了中国股市逐渐杠杆化的疯狂牛市周期的形成，直到政府对民间配资进行严管牛市才终止。社会的进步和科学技术的发展造就了股票市场大周期性的牛市繁荣，并且得到了大众的一致认可。但大众因此盲目产生的憧憬与幻想往往也是终结大周期牛市繁荣的重要原因。

大型牛市的产生势必伴随科技的跳跃式发展或社会资本的大幅转移，甚至是社会动荡与和平的局势转换。我们在积极面对这些重大变化的同时，要持续观察明显发生变化的因素，在保持乐观的同时提高警惕，这对股市下一个繁荣或衰退期的到来有着重要的预判作用。

3. 财政政策的转变是影响市场的主要因素

股票的涨跌最终受股票市场的供求关系的影响，而社会资金的增减又是影响股票供求关系的主要因素。政府的财政政策通常是为了调节经济或扶持某些行业而制定的，政策将资金注入某一行业的实体经济后，行业内企业逐渐得到发展和壮大，这个过程所产生的影响势必会传导至股票市场，影响其整个行业的股票价格。反过来说，宽松的货币政策导致的大牛市带动了股票的价格，让企业拥有了更多可支配资金，企业也会更具市场竞争力，同时也会带动其他企业壮大起来，社会经济也将增长。如果资金充裕，即使那些已经处于衰退行业的企业也会在竞争力或财力方面表现得很好；如果资金不足，即使处于高速发展中的行业也会表现平平。

关注财政政策的关键在于正确理解财政政策的趋向，并耐心等待市场趋势的变化。因为从调动资金到资金发挥作用是需要时间的，也许是半年，也许是一年，但最终会产生影响。

七、通货膨胀对股市的影响

1. 通货膨胀与股市的关系

通过图 1-5、图 1-6、图 1-7 的对比来分析我国居民消费价格指数（Consumer Price Index，简称 CPI）与市场指数的关系，可描述如下：2008 年全球金融危机期间，股票市场与通货膨胀率同步经历了大幅下跌，直至 2009 年年初才逐渐企稳；2009 年 3 月至 2011 年 7 月通货膨胀大幅反弹，股票市场却一直呈现出疲软状态，并未出现强劲反弹；2011 年 7 月之后 CPI 指数虽再次大幅下跌，却仍高于 2009 年 3 月的最低点，而股票指数却在此期间创下了新的低点；2012 年 9 月市场再次企稳，在之后的五年里通货膨胀保持稳定态势，股票市场在同时期内出现大幅反弹。需要注意的是自 2012 年 9 月，上证指数趋势明显强于深证指数，我们将这一现象理解为上证指数代表了国有大型企业，其中包含了更多的周期性行业，而深证指数的标的企业则不同。

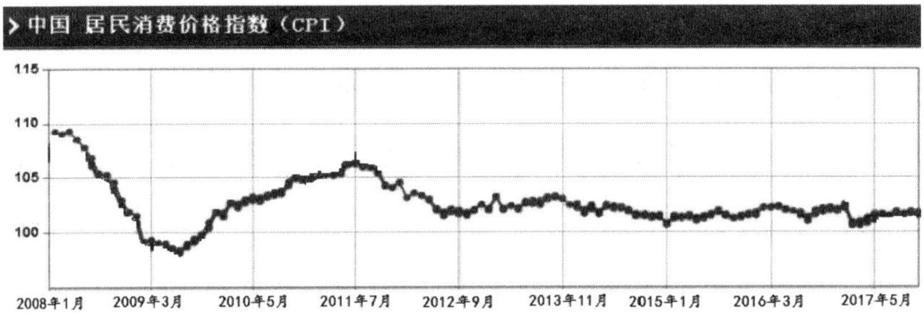

图 1-5　中国居民消费价格指数（CPI）（2008 年 1 月—2017 年 5 月）

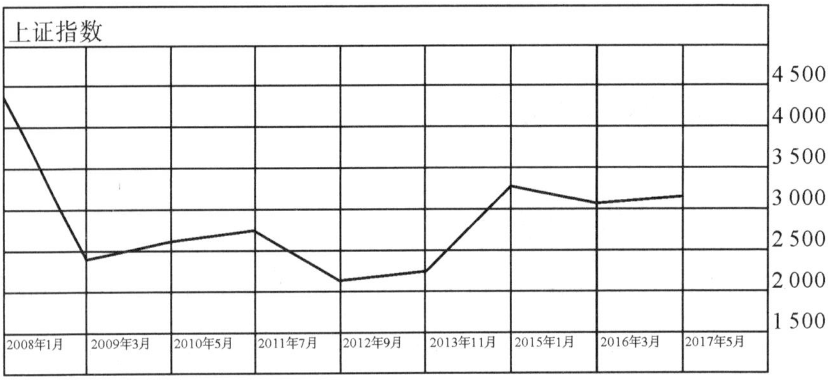

图 1-6　上证指数（2008 年 1 月—2017 年 5 月）

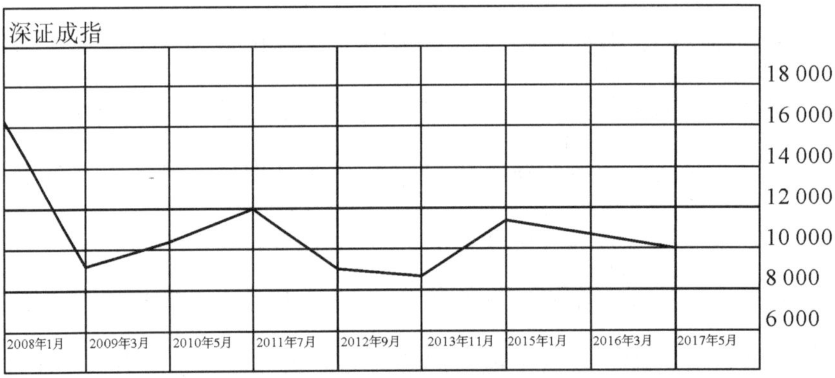

图 1-7　深证指数（2008 年 1 月—2017 年 5 月）

综上所述，通货膨胀对市场造成的影响基本表现为：急剧下跌的CPI 对股票市场有着破坏性的影响；处在温和上涨期及平稳期的通货膨胀能够促进股票市场繁荣向好。这些变化尤其会对周期性行业产生正面的影响。事实上，当出现通货膨胀时，政府会积极放出缓和的通货紧缩货币政策来控制通货膨胀；而在出现经济紧缩时，政府又会采取降低银行利率等财政政策加大货币流通量来抵御经济下滑。经济的确需要温和的通货膨胀，但绝对稳定的通货膨胀只是幻想而已。

以美股为说明，在战争期间和社会政治存在大动荡的时候，通货膨胀率急剧上升，而股票市场却萎靡不振。但在战争和社会动荡之后、社会局面稳定之时，股票市场却开始奋起直追，上涨幅度甚至达到惊人的500%以上。基于这一现象，我们可以初步判断市场与通货膨胀是趋于一致的，并且高通胀的经济能够为股票带来积极的影响。当它们之间的关系变得悬殊时，我们需要注意它们之间有可能出现回归一致的现象。

2. 稳定通货膨胀状态下的市场

稳定的政治与温和的通货膨胀会对市场产生持久且重要的影响。在这种影响下，股市在一段时期内会出现明显的进展。中国的政治环境相对于大多数国家更加稳定，这对股市来说是个积极因素。一直以来，政治局势及社会经济的发展状况是导致市场繁荣或萧条的重要原因。这两种因素持续对市场起作用。紧张的形势和复杂的社会局面使得股市环境变得不稳定。在社会稳定、国家能更加集中精力处理国内经济问题时，市场才会进入新的繁荣阶段。

中国股市的政策性调整、首次公开募股（Initial Public Offerings，简称 IPO）的规模及国家对通货膨胀的过度担忧等都影响着大众的投资信心。但这都只是过程，由于我国曾经历过数次金融风暴和市场危机，并吸取了发达资本市场的惨痛教训，我国政府深刻认识到把市场根基打牢及不可盲目发展资本市场的重要性。这些年我国一直致力于资本市场的基础性建设，始终坚持先稳后进的原则。作为资本市场的重要产物，股票市场为中国经济的腾飞注入了不竭的动力。同时，中国股市又迫切需要追随中国经济腾飞的脚步。

八、假期效应对市场的影响

从沪深股市的历史表现上看，似乎每到夏季（7、8、9 月份），市场经常处于不稳定的状态。如果我们以沪深 300 指数为标的对 2005—2017 年 7、8、9 月份的数据进行分析，会发现在这 13 年间震荡幅度超过 5%的共 9 次，震荡幅度超过 10%的共 6 次。在 2007 年、2008 年和 2015 年这 3 年的震荡幅度达到或超过了 20%。

如何能够避开此期间不稳定的下跌并利用这 3 个月中经常出现的大涨，对我们来说十分重要。通过数据可以看到，市场处于正常环境时，每年的 7、8、9 月份的市场经常表现得相对疲软；而在市场环境处于不利时，跌幅通常巨大；只有在牛市时期，这 3 个月的表现才会变得非常强劲。为了克服这一周期性的弊端，我们需要向数据内加入新的元素。在表 1-1 中，我们采用“利用指数辨别牛熊转折”的方法加以分析：当沪深 300 指数在 50 天内上涨 30%时，我们就在接下来出现的第一个 7、8、9 月份中选择继续持有；而当沪深 300 指数在 50 天内下跌 25%时，我们就在 7、8、9 月份进行空仓操作，并保持谨慎。

表 1-1 沪深 300 指数在历年 7、8、9 月份的表现

年份	涨跌幅度(%)	市场表现	7、8、9 月份操作决策
2005	+4.4		空仓
2006	+0.67	11 月—12 月上涨 30%	空仓
2007	+48.26		持有
2008	-19.63	2008 年 12 月—2009 年 2 月上涨 30%	空仓
2009	-5.11		持有
2010	+14.53		空仓
2011	-15.2		空仓
2012	-6.85		空仓
2013	+9.47		空仓
2014	+13.2	2014 年 10 月—2015 年 1 月上涨 30%	空仓
2015	-28.39	6 月—7 月初下跌 30%	空仓
2016	+3.15		空仓
2017	+4.63		空仓

通过计算可以看到，利用此简单的方法能够战胜市场，从而得出结论：每年的 7、8、9 月份，市场表现普遍让人失望，只有在十分有利的市场环境中，才会有出色的表现。在股票市场表现平平的日子里，

夏季的假期对于深处市场的投资者来说更加重要。但如果市场已进入牛市，在逐利与度假之间人们会做出明智的选择，毕竟在市场处于火热之时空仓去度假，很难带来愉快的体验。在市场未处于周期性牛市时，我们可以空仓后去度假，并在市场形成牛市时积极参与。

对市场产生重要影响的因素还有很多，比如每逢长假前期，股票市场人气的提高对市场有着积极的影响；而长假结束后，市场的繁荣在一定程度上可以预示未来很长一段时间市场的向好表现。这会在一段时间内对市场的强弱产生预示作用。

在总结本章的各类周期现象时，还需明白每个行业都有属于自己的周期，当行业的周期与指数的周期相符时，股价更容易大幅度变动（上升或下跌）。指数的周期则基于宏观经济、政治、市场人气等变化，当指数的周期变动与这些因素的变化相符时，更易产生牛熊市。市场中存在的周期其实还有很多，这些都是通过大量数据研究得到的结果，我们要对市场仔细观察并发现其中微妙的变化，辨识其中的奥秘。对市场中所隐藏的周期了解得越多，就越能把握市场的脉搏。

第二章

“人弃我取，人取我予”

一、逆向思维——与众不同，收获截然不同

“当所有人想得一样时，可能每个人都错了。”作为现代逆向思考理论的创始人，汉弗莱·B. 尼尔曾指出，所谓逆向思考的艺术，一方面是要培养自己深思熟虑的习惯，选择同普罗大众相反的意见；另一方面，还需要根据事件的具体情况，以及人类行为模式的表现来推敲自己的结论。

学习“逆向思维”并不是让我们做相反的事情，而是让我们保持清醒理智，并能审视自己的想法与行为是否处于客观、理智的层面而非跨越雷池进入极端、主观的危险区域。投资具有不断变化的性质，投资的艺术性在于对不断发生的变化具有高度包容性，允许诸多不确定性因素的加入，承认决策认知与客观事实间存在的差距，并在决策上不断地进行适应变化的调整。

正确的投资决策不是一蹴而就的，而是要对客观事件进行观察和

理解，这样才能做出具有前瞻性及适应性的决策。美国橡树资本创始人，著名投资家霍华德·马克斯在其倾注一生的经验及研究所著的《投资最重要的事》中，阐述了第二层次思维模式的重要性。生活中我们的思维模式更倾向于第一层思维模式“认知—自我反应”。而这种思维模式往往会将我们带入大众的认知层面，做出的投资行为也不客观。我将在本章第四节中讲到的“三鹿奶粉事件”带给我的投资机会，正是因为我考虑到了其他人的认知行为，即“认知—大众普遍反应—自我反应”（此为第二层次思维）才得以把握。

通常来说，善于运用第二层次思维会让投资者更容易把握机会和避免市场风险。

每五年召开一次的中国共产党全国代表大会对于中国的经济政策制定有着重要的指导意义，在投资者的投资决策中也同样具有重大的影响力。在分析大量数据后可以得出结论，市场表现在会议期间及其下一年度并不强劲，即使出现上涨也处于巨幅震荡中。原因很明显，市场的表现在会议前便已达到投资者的心理预期，会议之后便到了“利好已兑现”的阶段，尤其是市场之前的强势表现更容易造成指数向下的大幅震荡。这也说明了大众普遍对预期的事件具有积极性，并常在事件发生前就过度反应，这是造成市场在事件发生时向反方向回归的原因。大众心理预期发生变化很容易对股票市场的短期走势产生影响，而当我们运用第二层次思维模式时，就会清晰地看到市场发生此类变化的深层原因，并在市场发生过度反应时提高对风险的警惕。

在人类社会的发展中，由大众极端情绪制造的泡沫事件常会导致经济狂潮、股市崩盘和经济萧条等情况的发生。这些阻碍人类文明发展的事件永远也不会停下来，这也使我们永远无法停止思考这个神秘的投资世界。

谈及史上著名的金融泡沫自然不会忘记荷兰的“郁金香狂潮”。据记载，1637 年一株品种稀有的郁金香被拍卖到五千荷兰盾，足以买下当时荷兰首都阿姆斯特丹市中心的一幢豪华别墅。而就在狂潮达到顶峰的一年之后，郁金香的价格却暴跌了百分之九十多。

就在 20 世纪 80 年代初期，我国的吉林省也曾经经历过类似的“君子兰事件”。当时一盆品相好的君子兰可以轻松卖到一百万元的价格。

这种非理性的投机当然不止于植物，我们再来看看在资产集中的房地产行业中曾经有过怎样的情况。

日本，这个向来理性谨慎的国家却在 20 世纪 80 年代末制造了可怕的房地产泡沫。当时东京最繁华地段的房屋价格每平方米高达一百万美元，但日本人民却没有认为那是一个泡沫，反而认为以日本的强盛有能力买下世界上所有的资产。而当时日本最抢手的房屋现在却最多卖到每平方米一万美元，比起当初的价格下降了百分之九十九。

当然，也有相反的例子。2008 年，美国房贷市场引起的金融危机深入人心，到处流行着美国经济进入衰退期、美股将一蹶不振的预言。但是实际情况却恰恰相反，道·琼斯工业指数在 2009 年 3 月份达到最低点后，仅用了 4 年时间便超越了此次金融危机发生前的最高点位。

我们之所以要培养逆向思维的习惯，其实就是希望避免发生那些容易将我们带入危险境地的极端行为，并习惯独立、客观地思考问题，避免与大众雷同。判断与决策时要避开群体性思维的影响，常常用第二层次思维来指导自己，做出理智的决策。

逆向思维的价值也体现在它不会让我们轻易去寻找投资机会，而是关注这个机会背后的真相，并帮助我们避免在出现偏离时犯下追悔莫及的错误。

二、用大众的错误奖赏自己，用大众的幻觉认识错误

我有必要阐释清楚，通常在一个长期趋势中，大众的正确判断多过错误判断，尤其是在大级别牛市和漫长熊市的后期，几乎没有人出现错误判断，但当市场发生大的转折时，大部分人的判断却会错得离谱。

迄今为止，还没有什么方法可以完全确定市场趋势逆转的具体时机，但我深有体会的是，每当市场趋势持续很久，且大众对市场判断一致时，市场的运行方向更易发生颠覆性转变。

也许运用第二层次思维的方式会让你过早判断市场的顶部或底部，但它仍然很重要。这样做总会有些误差，但至少不会错得离谱。更进一步说，如果我们习惯保持这样适时的反其道而行的做法，我们终会成为更容易胜出的逆向思维者。

牛市上人气沸腾，当大众都热衷于买入时，那些价格大幅高于价值的风险往往会被大多数投资者忽视。市场由于处在高位运行阶段，真正有价值的投资标的会变得越来越少，市场积聚的风险往往会突然爆发，让我们措手不及并蒙受巨大损失。当市场处于熊市尾声阶段时，我们同样不能发现很多股票的实际价值相对于其正常价值已经大打折

扣。要记住，从其他人的忽视中获得的利润要比从自己的聪明里获得的利润大得多。

但在大部分市场中，并不经常存在极端转折的情况，市场在强弱循环中震荡徘徊，即便是可以用来长期投资的股票，看上去也并不是一直强劲，这一现象也为我们如何在市场中更好地运用逆向思维方式开辟了新的道路。

三、为何经济学家也会出错?

我在阅读日本著名经济学家野口悠纪雄博士所著的《日本的反省：悬崖边上的经济》时，对其对日本经济走向的推断产生了兴趣。

2008 年美国发生次贷危机，造成了美国道·琼斯指数的大幅下跌。此次下跌对全球股市造成了巨大的损失，对衰退严重的日本股市影响尤为巨大。日经指数的跌幅远超道·琼斯指数，这引发了日本国民严重的恐慌情绪。野口悠纪雄博士以日经指数下跌超道·琼斯指数为由，进行一系列分析并指出此次危机不只具有牵连性影响，还是日本经济本质的问题。其用日本企业 2008 年“出口企业年报预告收益大幅下降”的现象来证明日本企业在 2002 年以后的景气复苏（对美出口增加和日元贬值）是不可持续的现实因素，悲观判断日本的贸易顺差有可能归零，并认为当时日本股价跌幅大于美国是日本经济市场陷入更深困境的信号，这个信号预示着日本作为出口国贸易模式的终结。

而如今看来，这次大规模国际性金融危机导致的日经指数巨幅下跌及恐慌现象，却正是日本经济及股市踏上复苏之路的起点。我惊讶如此优秀的专家会在日本经济及股票市场出现转折时做出毫无准确性甚至完全相反的推论。惊叹之余也意识到这正是剖析该领域专家为何屡屡在股市将要出现反转的关键节点上犯下错误的最佳时机。

我不能武断地认为专家有失理性，因为任何一位专家在做出结论及推测前都会列举大量数据及令自己和他人信服的理论依据，但在这其中是否存有专家对所发生现象的主观判断呢？

在心理学中有一种现象被称为“禀赋效应”，即当人们拥有某件物品后对其的评价会大大好于没有拥有该物品时。

当经济学家们通过自己的研究分析认定了某种推断时，往往会更加主观积极地从其他数据中挑选对自己推断有利的部分加以支持。因此，我们可以或多或少地体会到该博士可能具有的“禀赋效应”心理。

野口悠纪雄博士用了大量数据对比美国、日本次级贷关联商品价值，认为美国此次危机关联商品无论从数量还是体量上都远超日本，但日本股市的下跌幅度却比美股更加严重，这其中必然与日本经济的本质有关系。在这里我认为他忘记了这两个不同市场的投资者所拥有的不同信心状态的基本区别。在此次金融危机之前，日本就已经经历着因泡沫破灭而导致的二十年来严重的经济衰退。经济及股市的严重下滑困扰着日本投资者的投资信心。而美股的情况则完全不同，历史超百年的道·琼斯指数可谓“身经百战”——1929 年的股灾、各种战争，以及“9·11”恐怖袭击，其股票市场始终能在短期大幅下跌后很快恢复上涨动力。

毋庸置疑，日本投资者的恐慌程度远大于美国的投资者，事实也证明了我的这一推断——虽然 2008 年的次贷危机并未发生在日本，但对日本股市和经济的负面影响都远高于次贷危机的发生地美国，而这一切都缘于日本二十年来逐渐衰弱的投资者信心。

这种基于两国股票市场投资者信心的对比明显不公平，这样做根本无法产生正确的推论结果，我称这种对比方式为“对比错觉”。这种错觉随时都有可能产生，稍不留意便会掉进错误的深渊。

“禀赋效应”的主观性及“对比错觉”的不公平性，很可能是造成野口悠纪雄博士对日本经济状况误判的因素之一。专家犯下错误并不是因为他们的分析内容，而是因为他们的分析方式。

野口悠纪雄博士认为，日本 2002 年以来的经济复苏及股市上涨是美国对日本的进口增大所致。他通过分析预测了美国经常性收支赤字扩大将不可持续，日本对外国的出口扩张也有限，并推断了日本在 2005 年以后的企业收益增长和股价的上升都是日元贬值泡沫所致。因此，该博士认为 2008 年股价的暴跌代表了日元贬值泡沫的破裂。

但从日本经济之后的表现来看，当时的情况更有可能是美国对日本的进口增大刺激了日本经济从低谷爬出，而股市的上涨现象究其原因，一部分是贸易复苏的促进作用，另一部分是日本政府干预汇率、提供宽松的货币政策。而宽松的货币政策是股票市场向好的基础条件，股票市场的货币流通量就像人体的血液一样重要，充足的输血量会挽救一个因失血过多而病危的患者，虽然宽松的货币政策不一定能为股票市场带来立竿见影的效果，毕竟资金的传导是需要过程的，但只要宽松的货币政策能够持续，不久之后，资金就一定会流入股票市场之中。因此，宽松的货币政策就是开启股市牛市大门的黄金钥匙。

“外推惯性”也是导致该博士判断错误的原因。如同抛硬币出现正反面的概率均为50%，当连续抛出20次反面时，“外推惯性”将会使你产生下一次仍会抛出反面的错觉，而导致该博士出现错误的“外推惯性”就是日本的股票市场下跌了二十年。“外推惯性”往往会出现在人们决策的不经意之间，即使对于大多数专业人士也不例外，这类错误推断常伴随着投资过程中的过度兴奋或恐慌而出现在决策之中。

由各种分析推断日本的经济即将出现问题，使得野口悠纪雄博士又犯了一个简单却致命的错误。一个包含了许多不可测因素的预测本身就是不能成立的。预测必须符合简单原则，因为越复杂的事情越会存在更多不确定的因素，这将严重影响推论的可靠性。

野口悠纪雄博士悲观地认为日本的贸易顺差有可能归零，日本将终结出口国经济模式的观点正是他对当时日本经济存在严重偏见而导致的错误推测。就在次贷危机结束的一年后，日本股票市场的涨幅却达到了50%之多，并从此步入了长期的牛市，这也让大多数投资者感到意外。投资者在牛市中对利空因素的过分担忧，正是造成错误抛售后又大量抢回股票形成股市大幅上涨的重要原因。由此可见，无论多么高明的经济学家都不能改变事实的不可预测性。

四、市场中的“均值回归”现象

股票市场中的均值回归现象是指股票价格无论高于或低于价值中枢或均值，都极有可能向价值中枢回归的趋势。根据这个理论，一种上涨或者下跌的趋势不管延续的时间多长都不能永远持续下去，最终一定会出现均值回归的规律——涨得太多，就会向平均值移动下跌；跌得太多，就会向平均值移动上升。均值回归同时表示的也是一种消除偏差的过程，指的是随着重复次数或样本量的增加，随机性的误差会逐渐消减，实际值越来越接近于其长期均值。

在股票的投资组合中，极端的结果更容易出现在小样本的投资组合之中。这种投资组合的本质会使收益率更高或风险性更大。曾经有人做过实验，在一个盛满黑白两种颜色玻璃球的黑色袋子里，第一个人每次取出两个玻璃球，第二个人每次取出四个玻璃球，重复数次后，会发现第一个人拿到同颜色玻璃球的次数是第二个人的数倍，这也是小样本事件更有可能出现极端概率的事实证明。

在小样本投资组合中，当出现超高或超低收益时，说明小样本投资组合相对于大样本投资组合存在更加极端的“均值回归”特性。流通股本小的股票通常比流通股本大的股票表现得更强或更弱，你买入单只股票的收益会比买入一组多只股票的总体收益更好或更差。在基金投资中，当我们持续对某些表现最好或最差的基金进行跟踪分析时，通常会发现上述现象。了解和利用容易造成极端“均值回归”现象的小样本事件的特性会让我们在股票投资中做得更好。比如，在风险得到控制的情况下，当市场整体不景气时，对其中尤其不景气的某行业进行关注，并在适当的时候进行投资，所获得“均值回归”的收益将会大概率地超越投资其他行业的“大样本”股票投资组合的收益。想要成功还需要更深刻地理解造成“均值回归”现象的各种其他因素。

1. 投掷硬币中的“随机性”

均值回归现象遍布投资领域，但它不是抛掷硬币那种纯粹统计意义上的均值回归。抛一枚硬币，我们预期出现正面和反面的概率都是50%。如果我们将硬币抛掷10次，理论上我们会看到5次正面和5次反面，但在现实中，我们可能会看到8次正面或反面。这种现象表明在有限的样本中，随机性大于概率性。但大数定律[①]认为，如果我们大量地做这种相同的实验，其结果将会更接近于平均值，即正反面出现的次数相同，但前提是实验数量要接近于无限大时，这种随机性才会服从于概率性。

而现实中通常不会有无限的实验次数，而在有限的实验次数里，随机性却能占有统治性的地位。我们经常会看到，随着试验次数的增加，绝对误差会减少。有些人会以为前面连续出现了若干次正面，后面会跟着出现若干次反面，这种认识被称为“赌徒的谬误”[②]，以为在随机的过程中前面的实验结果偏离了预期概率，后面更有可能会向相反方向偏离，这是一种错误的认知。抛掷硬币是独立的随机过程实验。正面和反面出现的可能性都独立于先前出现的结果，只要投掷硬币，即使连续出现了100次正面，下一次出现正面的概率依然是50%，因为投掷硬币这类行为不会受到心理情绪的影响，更容易出现典型的均值回归现象。

2. 大数定律下的“均值回归”现象

在现实世界中，我们很多时候会遇到大数定律的情况。英国生物

---

① 在随机事件的大量重复出现中，往往呈现的几乎必然的规律。

② “赌徒的谬误”是一种错误的信念，认为在随机事件中一个事件发生的概率与之前发生的事件有关，即其发生的概率会随着之前没有发生该事件的次数而上升。如重复抛硬币，连续多次抛出反面，赌徒可能错误地认为下一次抛出正面的概率更大。

统计学家高尔顿在研究人类身高遗传规律后发现：异常高的父母生出的孩子其身高通常会高于同龄孩子的平均身高，但达不到其父母的身高；身材矮小的父母生出的孩子，其身高常会低于同龄人的平均身高，但却会高于其父母的身高，这种情况就是生活中的“均值回归”现象。

股票市场中也会出现“均值回归”的现象。如某只股票或整体指数出现上涨或下跌的极端运动情况后，会往相反的方向运动，之前运动的力度越大，后续朝相反方向的调整幅度就越大。这一现象可以在公司的财务报告、证券的市场价格、指数的运行以及投资者的业绩上观察到。其原因是多方面的，其中之一是在股票投资市场中，人们的决策会受到环境、心理、情绪的影响，而不会被单纯的随机事件干扰。

3.“均值回归”对不同预期下投资组合的影响力

对股票市场的现象进行观察会发现正是投资者对证券价格运动的过激反应，才创造出均值回归的条件，这一过激反应引起股票价格暂时偏离均值价格。其后，股票价格随时间或事件的影响出现向正常价值方向运动的均值回归。以此为依据，股票价格无论是上涨还是下跌，迟早都会有反方向的运动。

通常情况下，每股收益直接代表了股票的盈利情况，可以直观地将股票区分为盈利与亏损两种。在表 2-1、表 2-2 及图 2-1 中，我们以沪深两市中的每股收益为标准，选取了 20 家最盈利的公司以及 20 家每股收益最差的公司组成“最盈利组合”及“最亏损组合”两组模型，分析其从 2008—2015 年的变化趋势。

表 2-1　2008 年亏损组合（每股收益变化跟踪）

2008—2015 年

股票代码	时间							
	2008 年	2009 年	2010 年	2011 年	2012 年	2013 年	2014 年	2015 年
600421	-1. 42	0. 28	-0. 08	-0. 1	0. 61	0. 07	0. 01	0. 001
000978	-0. 82	0. 191	0. 208	0. 19	0. 17	0. 03	0. 114	0. 083
600130	-0. 22	0. 02	0. 06	0. 08	0. 09	0. 09	0. 1	0. 08
000918	-1. 44	0. 83	0. 62	0. 11	0. 06	0. 03	0. 02	-1. 3
000856	-0. 72	0. 06	-0. 36	0. 31	0. 19	0. 04	-0. 38	-0. 89
600722	-3. 54	-0. 06	2. 62	-0. 59	0. 16	-0. 23	-0. 46	0. 36
600155	-1. 74	-0. 71	0. 01	5. 25	-0. 34	1. 68	-0. 36	0. 47
600757	-1. 37	-0. 91	1. 54	0. 46	0. 31	0. 35	0. 17	0. 27
600444	-1. 2	-0. 82	0. 05	-0. 71	-0. 39	0. 04	-0. 27	0. 21
600373	-0. 743	-0. 46	0. 93	0. 85	0. 89	1	0. 68	0. 78
600699	-0. 68	-1. 9	0. 6	0. 74	0. 36	0. 47	0. 55	0. 61
000958	-1. 0783	-4. 21	0. 09	-0. 92	-0. 22	2. 23	0. 4	0. 81
000767	-0. 73	0. 01	-0. 57	-0. 59	0. 05	0. 22	0. 24	0. 18
000818	-0. 695	-3. 24	1. 71	0. 17	0. 03	-0. 13	0. 13	0. 18
000820	-0. 65	-0. 48	-2. 48	0. 11	2. 1	0. 06	0. 01	0. 04
000509	-0. 57	-0. 17	0. 04	-0. 45	-0. 34	0. 08	-0. 06	0. 02
000976	-0. 48	-0. 13	0. 11	-0. 3	0. 02	-0. 17	-0. 36	0. 03
000673	-0. 43	-0. 22	0. 03	-0. 12	0. 02	0. 01	0	0. 37
600076	-0. 1	0. 02	-0. 06	-0. 06	0. 1	0. 14	-0. 03	0. 45
600773	-0. 12	0. 22	0. 2	0. 51	0. 18	0. 12	0. 13	0. 09

表 2-2　2008 年盈利组合（每股收益变化跟踪）

2008—2015 年

股票代码	时间							
	2008 年	2009 年	2010 年	2011 年	2012 年	2013 年	2014 年	2015 年
600150	6. 28	3. 77	3. 94	2. 12	0. 02	0. 03	0. 03	0. 04
600596	5. 89	1. 002	0. 25	0. 03	0. 19	0. 64	0. 07	-0. 39
601558	5. 41	2. 06	3. 17	0. 39	-0. 14	-0. 86	0. 01	-0. 74
600519	4. 03	4. 57	5. 35	8. 44	12. 82	14. 58	13. 44	12. 34
002001	4. 02	2. 98	1. 61	1. 6	1. 17	1. 22	0. 74	0. 37
002708	3. 59	0	0	0. 52	0. 59	0. 53	0. 34	0. 09
300071	3. 24	0. 71	0. 7	0. 36	0. 25	0. 4	0. 2	0. 19
000892	2. 91	-0. 01	-0. 01	0	0	0	0	0
300078	2. 77	1. 2	1. 38	0. 56	0. 42	0. 51	0. 47	0. 34
002608	2. 63	1. 95	2. 01	1. 51	0. 55	0. 56	-4. 82	-14. 54
000937	2. 49	1. 39	2. 07	1. 32	0. 97	0. 51	0	0. 1
600123	2. 45	2. 22	2. 3	2. 91	1. 63	0. 88	0. 06	0. 01
601001	2. 45	1. 78	0. 77	0. 65	0. 04	-0. 84	0. 09	-1. 08
300038	2. 37	0. 69	0. 28	0. 3	0. 24	0. 32	0. 33	0. 35
000338	2. 32	4. 09	4. 07	3. 36	1. 5	1. 79	2. 51	0. 35
601166	2. 28	2. 66	3. 28	2. 36	3. 22	2. 16	2. 47	2. 63
002572	2. 27	1. 52	2. 1	1. 31	0. 81	0. 56	0. 74	1. 04
002242	2. 25	1. 2	0. 78	0. 66	0. 6	0. 62	0. 7	0. 81
601699	2. 48	1. 83	2. 99	1. 67	1. 12	0. 66	0. 43	0. 03
601666	2. 48	1. 01	1. 02	0. 78	0. 48	0. 28	0. 08	-0. 91

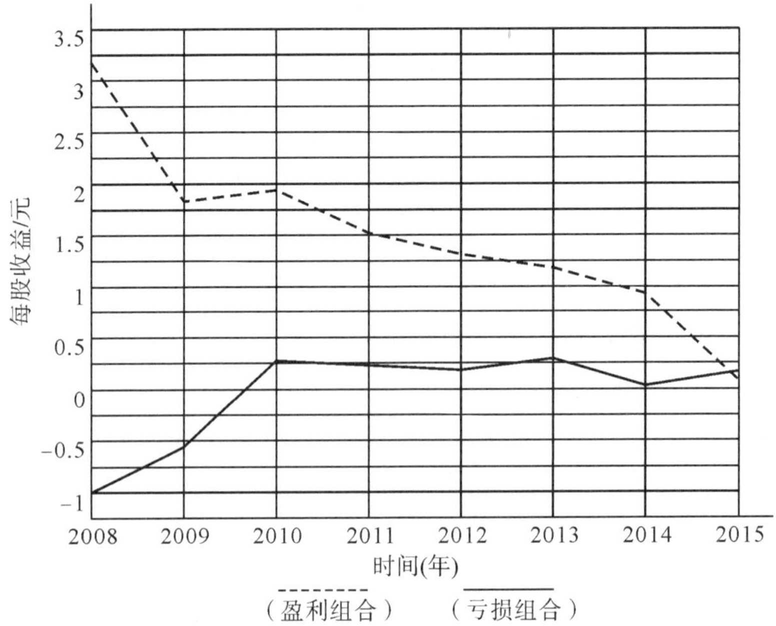

图 2-1　每股收益盈利组合与亏损组合走势跟踪（2008—2015 年）

其中“最亏损组合”在经历每股收益大亏之后业绩迅速上升至平均水平，尤其是在公布业绩大幅亏损之后的两年内。而“最盈利组合”则恰恰相反，其中的大跌出现在公布大幅盈利后的一年内，表明当市场处于熊市期间，由均值回归带来的业绩下降的风险大于由它带来的业绩上升的概率。

图 2-2 分析了均值回归对“最盈利组合”和“最亏损组合”在价格方面的影响。七年中，“最亏损组合”无论是在熊市期间还是 2014 年之后的牛市时期均强于“最盈利组合”，尤其是在市场牛市期间的表现大大超越了同期“最盈利组合”，这也表明了“最亏损组合”在经历均值回归时遇到市场牛市时就会表现得更加强劲。

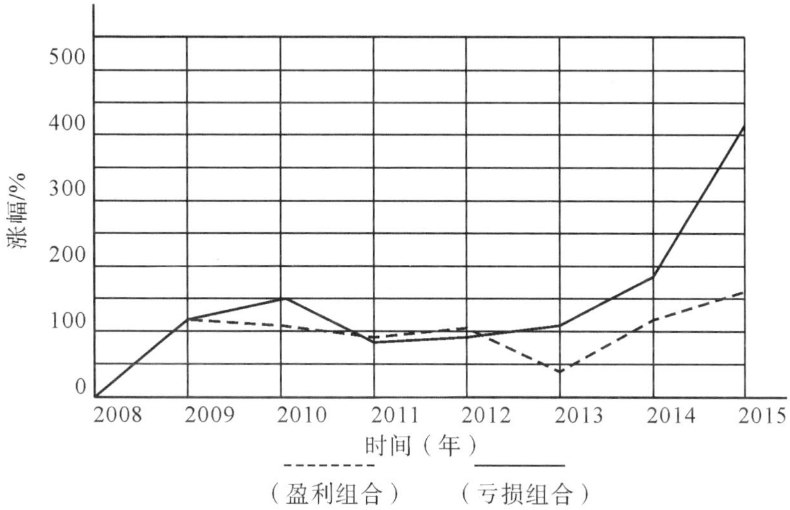

图 2-2　每股收益盈利组合与每股收益亏损组合股价走势跟踪（2008—2015 年）

如果我们能在公司出现大幅亏损时注意到亏损的原因并仔细分析，就有可能为我们带来巨大的投资回报。遗憾的是，即使我们认识到“均值回归”存在的必然性，也未必会在机会来临之时抓住它。正如美国著名人类行为学家布雷特·斯蒂恩博格所说，多数人在处理盈利时是风险回避者，而面对损失时就成了风险偏好者。也就是说，在真正艰难的时刻，投资者大多都是没有能力坚持既定方针的。勇气和刚毅是市场缺少的东西，大部分投资者都很难做到这点。深刻理解均值回归现象与投资行为心理的关系将会有助于我们消除投资中的极端情绪。

4. 冷门亏损股与热门盈利股的“均值回归”现象

冷门股，一般是指股票市场中由各种原因导致的在一段时期内交易冷清、无人问津且价格持续低迷的股票。热门股，是指在股票市场中，一段时期内交易量大、价格上涨幅度大，因各种原因被市场投资者热炒追捧的股票。

1996 年年初至 1997 年年中，在中国股票市场长达 16 个月的大牛市中，绩优股风靡一时，尤其在牛市后半阶段中，人们把这类股票奉为神明、疯狂追捧。当时市场上还流传着美国家庭主妇因长期持有绩优股甚至不用去工作就能获得稳定收入的故事。人们忘记了市场中真正具有投资价值的公司是需要经过时间的考验和具备很多重要条件的，同时还要取决于股票市场的成熟度。

伴随着这类股票价格的疯狂上涨，市场过分鼓吹买绩优股就是买未来，彻底忘却了市场中普遍存在的均值回归本质，从而付出了惨痛的代价。当牛市结束后，曾被投资者热捧的“深发展”如果不算上后期送配及分红的情况，其股价在十年后才勉强达到当年的高点。当时市场中最热门的股票“四川长虹”甚至直到今天仍未曾达到 1997 年时的高点。

市场中类似的情况数不胜数，这让我们更加意识到在市场均值回归的本质下，流行的“热门股”和不引人注意的“冷门股”所存在的风险与机会。

下面我们从数据上来看因各种原因遭遇市场不同态度的“冷门股”和“热门股”在经历均值回归时的表现。

我们以沪深 300 指数标的股票为对象，从中选取当时的热门盈利股票组成“热门盈利组合”，选取当时市场内交易低迷的冷门亏损股票组成"冷门亏损组合"，对比这两个股票组合在2009—2016年市场中的表现。这也正是在经历了经济危机之后，中国股市再次出现牛市直至结束的特殊时间段。图2-3和图2-4反映了市场依次经历衰退、低迷并再次繁荣时其均值回归的情况。

根据图2-3、图2-4的走势，我们可以明显地看出，在熊市底部平淡期间，"冷门亏损组合"的每股收益意外地坚挺，此时股价也逐渐探底并开始转好，并在市场回暖时强于人们对其的预期。而此时"热门盈利组合"的每股收益却在经历大幅度的"均值回归现象"。更重要的是，当市场开始进入下一轮的爆发期时，那些曾经被人们无视或抛弃的股票却能够创造出惊人的涨幅，而曾经被人们一致追捧的股票却从未达到人们的预期。

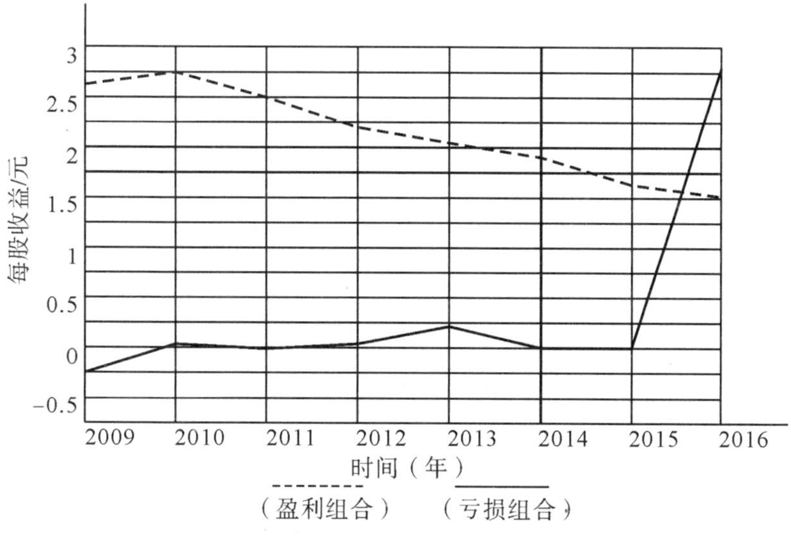

图2-3 每股收益盈利组合与每股收益亏损组合趋势跟踪（2009—2016年）

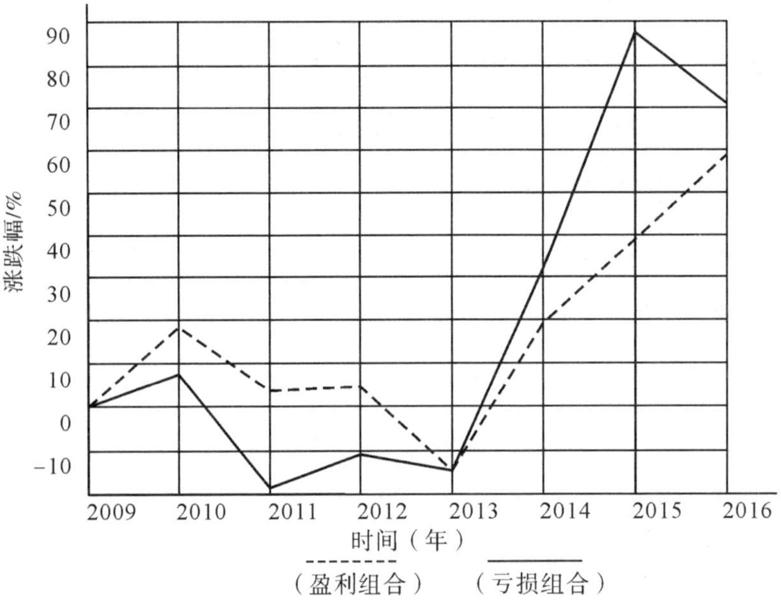

图 2-4　盈利组合与亏损组合股价跟踪（2009—2016 年）

这一现象再次印证了投资者追逐预期高的热门股票除了带来低回报外并没有其他好处，而一味地放弃冷门亏损股票将导致失去赢得更高回报率的机会。

下面让我们一起来看看这一现象背后的原因。

股票市场的低迷通常是在货币政策渐变紧缩的情况下发生的，这会导致各行业的发展停滞及上市公司的融资困难。而牛市时期，“热门盈利股”往往增加大量负债和成本来提高行业竞争力，这使得企业在面临困难的时候更是雪上加霜。基于市场中各企业的状态，大多数公司的财务状况都处于行业内平均水平（除具有垄断性质的行业，如石油、电力、铁路等）。在股票市场高涨的时候，为了能够提高自己的财务竞争力，赢得市场关注从而提升股票价格，很多企业常常会并购公司、加大财务杠杆，甚至调整财务报表使财务状况得到改善。这些方式在遇到市场行业不景气时将会给企业带来更大的风险。即使某些“幸运”的公司因偶然接到大单的业务或找到了能有效控制企业生产成本的方法，也会因整体行业的逐渐衰退而表现平庸。

通过以上原因来看，通常每股收益已经达到很高水平的公司在市场整体环境变得恶劣时，很难会变得更好，从而使人们对公司财务增长的预期变得不乐观，这使得“热门股盈利组合”在财务状况表现不达预期后遭到了投资者的大量抛售，股价跌幅更加巨大。而“冷门亏损股”的情况却恰恰相反，投资者大幅降低了对其的预期，而行业发展的平均水平能够导致公司的财务状况逐渐出现“均值回归”的现象，这使得投资者对公司信心大幅激增，股票价格大幅上升。

5. 乐观与悲观的预期创造了“均值回归”

投资大师巴菲特的老师格雷厄姆曾以自己的方式解释了价值投资的重要性。他的表述使这一现象变得简单易懂：“短期而言，股票市场是一台投票机，但长期而言股票市场却是一台称重机。”

这反映了即使短期的市场也常常造就出非理性的波动，但股票的价值就是股票的质量，从长期来看股票的价格不会远离价值，而股票的价格始终被长期市场的力量所牵制。而“均值回归”正是在这一神秘力量下所产生的普遍现象。

巴菲特以实际行动证明了不是因为挑选到了赢家而获得回报，而是因为发现了错误的定价而赢得利润。

但投资者们更容易用过去的业绩进行外推，即使将来的实际结果并不能保证这种外推的准确性。我们可以将这种外推看作投资者对热门股的未来过度乐观，因为他们只是根据过去的成长预测未来的趋势，因此他们也很容易对市场过度低估的公司过度悲观。

人们为热门股支付更高价格的行为隐含着市场对这些股票的预期，但是与这一预期恰恰相反，热门股的价格并不能持续上涨。根据“均值回归”的现象来看，市场中真正有价值的投资往往销路极差，热门股的成长速度落后于冷门价值股票，甚至由于热门股在前期过度增长，后面的增长速度会变得更慢。也就是说，均值回归同时存在于投资者对热门股的过度追捧及对冷门价值股的过度抛弃中。

研究表明，无论是运用价格、业绩或成长率，选择不同指标买入的冷门价值股均胜过热门股在市场中的表现，而从这些指标中选择出来的热门股后来却出现了大幅下滑。市场投资者一味地将热门股未来成长率估计得比价值股更高，在如此高的股价下，公司哪怕出现一点小差错都可能导致股价大跌，即使专业投资者也会忽视这一点。他们并没有认识到均值回归更有可能发生在“热门股”上，因此冷门价值投资策略实际上比追逐热门成长投资的行为风险更小。能以较低风险实现高的收益才能获得成功。

不只在具体股票的选择上会出现这种预期差，在整体市场中也常常发生这类情况。

1999 年 5 月 8 日凌晨，以美国为首的北约悍然发射 3 枚导弹袭击我国驻南斯拉夫联盟大使馆并造成我使馆毁坏和人员伤亡。我国政府对此提出最强烈的抗议。股市在此消息的刺激下重挫了整整一周，随后便爆发出著名的“5·19”行情，上证指数、深证成指在短短 7 个星期后分别上涨了 708.35 点和 2 374.96 点。

这是在经历 1997 年大牛市见顶以来的漫长熊市后，市场气氛极其低迷，人们对股票市场无法建立信心时突然发生的正面“黑天鹅事件”，这是典型的投资者极端情绪造成的市场触底回升现象。

记得就在这次行情爆发并持续的时候，我曾在《人民日报》看到过一篇号召股市投资者坚定信心并规范发展市场的文章，大致意思是说当时正处于世纪之交，中国证券市场正面临难得的发展机遇，证券市场的规范发展关系到所有市场参与者的切身利益，因此号召所有市场参与者统一认识，一同努力，将规范并充满活力的证券市场带入 21 世纪。

文章里充满了政府对股市的爱护和支持股市的决心，很大程度上打消了股民的顾虑，乐观的情绪开始在市场中传播开来，且即将在 1999 年 7 月 1 日正式实施的《中华人民共和国证券法》(以下简称《证券法》）更加坚定了人们的信心。《证券法》的颁布已经被所有市场参与者认定为中国股市从此走向规范成熟并开启长期“慢牛时代”的转折。市场情绪被这种想象点燃了。

偏偏事与愿违，现实的市场是被投资者心理情绪所影响的，当市场出现一致性心理预期并被兑现时，市场往往会因为投资者已经过度透支心理预期而出现转折。就在《证券法》颁布的当天，股市结束了已持续 7 周的暴涨并开始进入长达半年的调整期。

不可否认，《证券法》对促进中国证券市场成熟稳定并长期向好有非常重要的作用，只是这件事让我深刻理解到，市场的成熟是个漫长跌宕起伏的过程，任何想要通过立法或政策来即刻改变投资现状的投资者，最终会大失所望。

在今天看来，这个道理就更加明显了，无论市场出现任何情况，都要将人们对市场的心理预期考虑进去，因为这种心理预期可能会导致对市场的过度悲观或乐观，从而再次被市场中普遍存在的均值回归这一特性所影响。

6. 寻找并耐心等待有可能出现的“均值回归”

到目前为止，均值回归仍不能解决的或者说不能预测的是回归的时间间隔，因为回归的周期呈“随机漫步”的状态。不同股票的回归周期不一样，即使对同一只股票来说，每次回归的周期也是不一样的。正的收益与负的收益回归的幅度与速度不可能一样，因为它们之间并没有必然的联系，回归的幅度与速度也具有随机性，对称的均值回归才是不正常的、偶然的。

某些股票价格持续高涨或低迷，是因为市场投资者对能使其发生“均值回归”的因素选择了漠视。

但这些造成股票上涨或下跌的因素（如对热门股的追捧或对冷门股的忽视）并不会一直存在，取而代之的是那些能够影响股价反向运动的因素（如对热门股的冷淡或对冷门股恢复信心）。

当人们越来越重视使股票价格发生反方向运动的因素时，“均值回归”便会出现。而这一变化通常是循序渐进的，最终会突然爆发出来。

因此，我们在找到那些具备“均值回归”条件的股票之后，还要静心等待市场投资者对导致价格方向改变的因素做出反应。而这种等待具有非常重要的意义，因为过早地买入有可能出现“均值回归”的股票，会耗费我们更多的耐心和信心。

据此，只有当市场参与者们注意到这些因素时，它们才会影响股票的价格，当市场的转变持续了一段时间后，那些价格过高或过低的股票才更容易被人们注意到，市场投资者也会更多。

我们需要寻找并耐心等待市场中那些有可能出现均值回归的机会，去证实而非预测均值回归的转折点，并在均值回归过程中保持信心。

7.“均值回归”对市场稳定发展的影响

股票市场中没有哪种过分使用的理论或技术分析是永远有效的，某种理论或技术分析的普遍使用会引起市场投资者在这种方法内的竞争从而弱化该理论指标的实际效用，但“均值回归”却是例外，因为波动性是投资市场的常态。

在股票市场中，我们遇到的“均值回归”更多是在两个极端价格中来回修正的过程，而市场的成熟度直接影响着价格波动的幅度大小，但这种波动却永远不会消失。

但我们仍可以试想一下，当“均值回归”被越来越多的投资者所广泛认可后便会出现大量竞争者。当更多的投资者使用这一方法作为投资策略时将会大量消灭市场中价格极端暴涨或暴跌的股票，股价出现极端变化的股票将会被更多理智且寻求“均值回归”的投资者所识别，人们始终会不停寻找出现市场偏差的股票并及时纠正它们的价格。这将有效减少市场的大幅震荡，而出现以社会经济发展为基础的漫长且稳定的趋势。

在股票市场中巨大波动的发生是在所难免的，因为制造巨大波动的因素一定是能够打破市场平衡状态的事件，如战争、经济萧条、政权易手等，但在这之后“均值回归”的再次崛起会令市场快速恢复到稳定的状态并保持趋势。基于“均值回归”而稳定的市场，对国家和社会的经济发展、人类文明的进步将会起到巨大的促进作用。

8.“均值回归”中的“顺势”

在某只股票上涨的过程中卖出它或在下跌的过程中买入它都有可能减少你在这只股票中的总体收益，因此，在这个过程中保持耐心和信心是十分重要的。前文说过，当我们发现有“均值回归”可能性的股票后，并不应立即买入，而是需要静下心来等待有可能造成“均值回归”的因素被市场所发现并认可时再参与其中，以提高“均值回归”的准确率。那么，在此之后，我们需要做的就是保护好股价逐步回归过程中的利润了。

2013 年年初的股票市场整体仍旧疲软，由于迪马股份的股权质押问题始终没有得到缓解，致使该股票价格在深度下跌后一直没有起色，但其股票价格在很长时期内并未再次创出新低。这使我更加关注这只股票并把其纳入有可能出现“均值回归”现象的股票名单之中。大家都知道，尤其是在市场遭遇熊市时期，上市公司的股权质押问题是威胁股票价格的一大隐患，这也通常是上市公司遇到资金压力的一个重要标志，因此股权质押的问题常常是在熊市时期公司股票创出新低的一个导火索。但随着股票市场走出熊市并逐渐稳步上行时，人们倾向于逐渐淡化市场中的利空因素，而对利好因素更加敏感。而这只股票因资金压力导致的低价格除了是造成“均值回归”的一个重要因素，同时也为我们提供了更多的安全性。

就在几个月之后，公司发出了一份关于公司股东股权解除质押的公告，虽然只解除了其中一部分的质押流通股，但极大地影响了市场投资者的信心，并且同时期股票市场指数已经开始出现明显上涨的态势，市场活跃度明显增加，这也为我大量买入此股票提供了契机。

持股的耐心比买股时的决心更重要，在之后的日子中，更加需要关注的是可以制造其“均值回归”的因素是否出现恶化。所幸它始终保持在稳定可控状态之中。事实上，直到我持有这只股票一年之后，它才正式开始稳步上升。

在持有这只股票的过程里，我坚定了信心，战胜了市场中无数次波动带来的恐惧。在与投资情绪做抗争时，最难以忍受的便是在某一段时期内其他股票相对于自己手中股票出现了更大涨幅而带来的诱惑。要深信，在一轮牛市行情中坚持持有一只拥有“均值回归”特性的股票所带来的利润将会远大于频繁更换其他股票所带来的收益。在之后市场持续繁荣的日子里，熊市中的利空因素给人们带来的恐惧感已被完全消除，该股票之前遇到的股权质押问题已经变得毫无威胁。这表明此股票能够出现“均值回归”的因素已完全被市场所接受。但现在就是卖出该股票的最佳时机吗？答案当然是否定的，因为那些可以带来“均值回归”的因素只能将股价变得更合理，而人们对待牛市的热情才会将股价抛向更高，因此在接下来的持有过程中，我们更需要的是极大的耐心与信心。在持股两年之后，2015 年 5 月份的某一天，我在这只股票上实现了近 400% 的收益，马上远离了这个市场，耐心等待股票市场有可能出现的反向（下跌）“均值回归”过程，并期待市场为我再次创造正向（上涨）“均值回归”的机会。

股票市场中的“顺势”代表坚持市场中的趋势，不被短期的市场“噪声”所影响，能够理智清醒地在纷乱繁杂的市场干扰下掌控大局并持之以恒。这不是简单的表象理解，而是发现影响市场的核心因素，找到正确的方向和趋势，充分理解并坚持参与其中，即使期间经历多次干扰，仍能坚定信心，这是一种交易的大智慧。

寻找“均值回归”的可能性需要我们不受市场情绪的干扰，能够从容地在极端行情出现时自我反省，发现并利用市场中有可能出现的错误。而在之后的“顺势”过程里，投资者需要保持清醒，理智客观地理解并感悟市场的热情，分辨有可能造成趋势转折的潜藏内因，为“均值回归”造成的下跌提供论据基础。当转折发生后，同样顺应趋势并坚持耐心等待，警惕那些被市场所误读的因素，找到可以制造上涨的“均值回归”机会。也就是说，只有做到寻找“均值回归”并“顺势”时，完美的投资回报率才会大幅上升，风险也能被避免。对“均值回归”现象的实践应用建立在影响市场的重要因素甚至理解大众情绪的基础之上，只有拥有丰富经验的投资者才有可能做到这些，这是让人痛苦，但又不得不做的事情。

五、如何最大化地利用“均值回归”

1.“均值回归”只是回归均值吗？

我们怎样才能使均值回归最大化呢？我们在寻求安全性的同时更

希望用它来为自己创造更大的利润空间。根据第二章第三节中的种种分析结果可以看出，利用市场上普遍流行的错误看法可以为我们赢得不错的回报，如大家敏感的公司业绩、被人嫌弃的冷门股或熊市中造成股价大幅下跌的利空因素等，它们之所以能够为我们带来回报是因为它们被市场的预期过分外推。如果是这样，我们就只需找到那些容易被市场过分外推的地方，也许在那里将会有更多的惊喜。

我们都知道，牛市中极端的投资热情往往会将那些鱼目混珠的公司的股票价格推至让人无法理解的高度；同样，熊市也往往会使那些已经跌破正常价值的公司陷入价格更低的困境，尤其是当这些公司在熊市之中遭遇突发的“黑天鹅”情况之时。我可以用自己的亲身经历来讲述曾经发生过的这种情况。

2008 年金融危机爆发，当市场上所有股票已经跌得面目全非时，又发生了“三鹿奶粉事件”。河北省的三鹿乳业公司打着国家免检的旗号在市场中销售添加有三聚氰胺的乳品，一时间新闻报道铺天盖地，导致人心惶恐。那段时期人们甚至不敢再喝牛奶制品了，即使是真正良心公司的牛奶制品也同样遭遇了滑铁卢。之后政府为了重拾民众信心将三鹿公司进行了破产清算。在投资市场中，人们同样将这一噩耗过分外推，导致在 A 股上市的伊利股份遭遇重大挫折，金融危机已使其股价下跌了 50%，3 个月内其再次下跌了近 60%的市值。此时伊利股份彻底成了被人嫌弃、无人问津的冷门股票。有的人甚至改买其他食品来代替牛奶制品。但牛奶毕竟是牛奶，人们已习惯了把牛奶当作营养品，不可能因这些原因而改变。基于此想法我下定决心去研究人们在过去很多年中平均消耗牛奶的数据，并发现这些数据与此时的极端数据形成了强烈的反差，这让我感到大众的恐慌与过激的情绪，这不是正常的现象。恐慌终究会过去，我能感觉到当时的情况并没有想象中那样糟糕，于是买入了对于我来说数量较多的伊利公司的股票，而后来发生的一切证实了我的判断。国家开始对此行业进行大力监督并向民众承诺保证食品安全，人们对牛奶制品的信心逐渐恢复，伊利这家曾被恐慌情绪所误伤的公司也终于云开雾散再见曙光。在恐慌过去仅仅两年后，伊利公司的股价便已经上涨了567%，涨幅惊人，而我也在获得高于3倍利润之后提前顺利出局。这段投资经历也让我对于正确的决策和投资直觉有了更深刻的体会。

市场常常会用这种方式来奖赏那些敢于与众不同并勇于纠正市场偏差的投资者。这些被人们抛弃并回避的股票的回报，往往能够大幅地超越均值水平。在对均值回归现象的研究中，我们经常会发现很多公司在遇到诸如此类的情况时，其股票价格走势往往会呈现两个极端，其原因大多是由大众情绪造成的。此回归过程更倾向于“低于均值—回归均值—超越均值”，就像我持有伊利股份时，如果能提早意识到这一点，便可以在恐慌弱化后仍然继续坚定持有，来获取更高的收益。

2. 用市场中流行的方式超越“均值回归”

在我们的想象中，专业投资者能理解投资的实质因素，会仔细评价公司提交的各种文件、财务数据，计算出所有的可能性，并在了解内在价值后理智地做出可靠的投资决策。如果事实真的是这样，那么市场中很少会出现大涨大跌的股票，实际上即使是专业投资者也很难区分股票的好坏。

通常专业投资者们会利用大量的专业方法来分析股票的趋势，但由于过度追逐资金回报率，他们大多数始终不能停止对“热门股”的追捧。试想一下，大量的资金通过所谓“专业”的分析进入市场，当某类股票在市场中流行起来的时候，资金就会流入这类股票之中，致使热门股的热效应更加突出。而这些被市场热捧的流行股在酝酿了大量风险的同时也让市场投资者们疏忽了冷门的价值股，这也为投资者提供了宝贵的均值回归的机会。

那么我们也可以用市场中流行的方式检验均值回归的可靠性，比如通过机构在不同时期采用的技术及财务指标，就可以了解他们是如何高估或低估某些股票的了。

3.“PEG”与“均值回归”

20 世纪末，英国投资大师史莱特将对 PEG 指标①的分析方法推向美国市场，并赢得了大量专业投资者的响应，此后许多年人们将这一方法发扬光大，使得此投资理念深入人心。

PEG 的计算方法：

PEG=PE（市盈率）÷盈利增长比率（EPS 增长率）

史莱特认为 PEG 把股票当前的价值和它未来的成长联系起来，如某股票目前的市盈率为 40 倍，其未来 10 年的预期每股收益复合增长

① PEG 指标指市盈率相对盈利增长比率。

率为40%，那么这只股票的PEG是1。当PEG等于1时，表明市场对这只股票的估值体现了其未来业绩的成长性；当PEG大于1，则这只股票的价值就有可能被市场高估；当PEG小于1时，则代表了市场有可能低估了这只股票的价值。PEG指标选股法最大的优势是综合地考量了股票的价值和成长性，用这种方法可以找出相对于盈利增长率来说市盈率较低的股票。PEG侧重于公司的成长性，适用于寻找相对于高增长率来说市盈率较低的股票，即PEG可以用于寻找高增长公司中被低估的股票。另外，用PEG指标选股还有一些辅助条件：

①尽量选择上市时期至少三年且市值小的公司为标的股（通常情况下，市值小的公司成长性会更佳，且上市一段时期后财务趋于稳定）。

②关注资产负债率及现金流等财务指标（资产负债率低、现金流充裕表明公司财务状况更加稳健）。

③选取过去三年有增长记录的股票。

④避开有明显周期性的行业，如钢铁、医药等。

⑤选择相对于指数明显强势的股票。

根据以上条件，我们选取了2010—2012年在A股市场中小板中PEG最优及PEG最差的两个组合作为“优选组合”和“差选组合”，并通过表2-3和表2-4展示其在牛熊市中的股价变化。

表 2-3 2010—2012 年 PEG 优选组合

股票代码	2010 年		2011 年		2012 年		每股收益增长率（%）	预期市盈率	市盈率相对盈利增长比
	每股收益	市盈率	每股收益	市盈率	每股收益	市盈率			
002527	0. 53	18. 62	0. 56	8. 86	0. 66	6. 48	11. 76%	3. 91	0. 33
002175	0. 06	60. 5	0. 09	26	0. 1	19. 9	30. 56%	11. 89	0. 39
002033	0. 09	111. 89	0. 71	10. 23	0. 84	8. 1	353. 6%	3. 58	0. 01
002016	0. 2	28. 15	0. 18	17. 94	0. 37	14. 95	47. 78%	10. 99	0. 23
002327	0. 95	6. 18	1. 55	4. 66	1. 62	3. 7	33. 84%	2. 86	0. 08
002144	0. 32	50. 59	0. 46	27. 17	0. 76	15. 86	54. 49%	22. 83	0. 42
002352	0. 32	29. 22	0. 53	11. 28	0. 61	10. 18	40. 36%	4. 32	0. 11
002247	0. 4	14. 83	0. 41	6. 1	0. 58	5. 31	21. 98%	3. 4	0. 15
002433	0. 65	12. 28	0. 74	7. 04	0. 88	8. 15	16. 39%	7. 05	0. 43
002293	1. 49	8. 73	2. 66	5. 16	2. 72	2. 78	40. 39%	1. 57	0. 04

表 2-4 2010—2012 年 PEG 差选组合

股票代码	2010 年		2011 年		2012 年		每股收益增长率（%）	预期市盈率	市盈率相对盈利增长比
	每股收益	市盈率	每股收益	市盈率	每股收益	市盈率			
002184	0. 14	118. 21	0. 09	17. 82	0. 01	115. 75	-62. 3	653. 55	-10. 49
002272	0. 45	19. 8	0. 34	13. 12	0. 04	152. 25	-56. 34	1 715. 25	-30. 44
002205	0. 52	58. 94	0. 25	53. 32	0. 14	88. 64	-47. 96	138. 9	-2. 9
002295	0. 47	25. 34	0. 1	77. 2	0. 03	205. 33	-74. 36	585. 85	-7. 88
002328	0. 53	24. 53	0. 21	30. 95	0. 07	80	-72. 96	153. 86	-2. 11
002290	0. 63	39. 86	0. 41	26. 44	0. 12	69. 33	-52. 83	158. 45	-3
002296	0. 82	28. 5	0. 54	15. 96	0. 1	71. 8	-57. 82	181. 61	3. 14
002282	0. 39	23. 59	0. 3	20. 9	0. 03	162. 67	-56. 54	705. 13	-12. 47
002526	0. 68	18. 59	0. 53	12. 19	0. 08	72. 25	-53. 49	237. 8	-4. 45
002058	0. 21	37. 95	0. 11	56. 09	0. 04	146	-55. 63	297. 9	-5. 36

图 2-5 表明，PEG“差选组合”在市场仍处于底部时弱于 PEG“优选组合”，但在市场牛市来临初期开始变得强劲，大幅超越了“优选组合”，甚至在市场刚刚出现转折时仍旧逆势向上，涨幅高于“优选组合”近 80%，大获全胜。但在市场出现转折之后，PEG“差选组合”却出现了非常严重的下跌，这让我们不得不深究其中的原因：

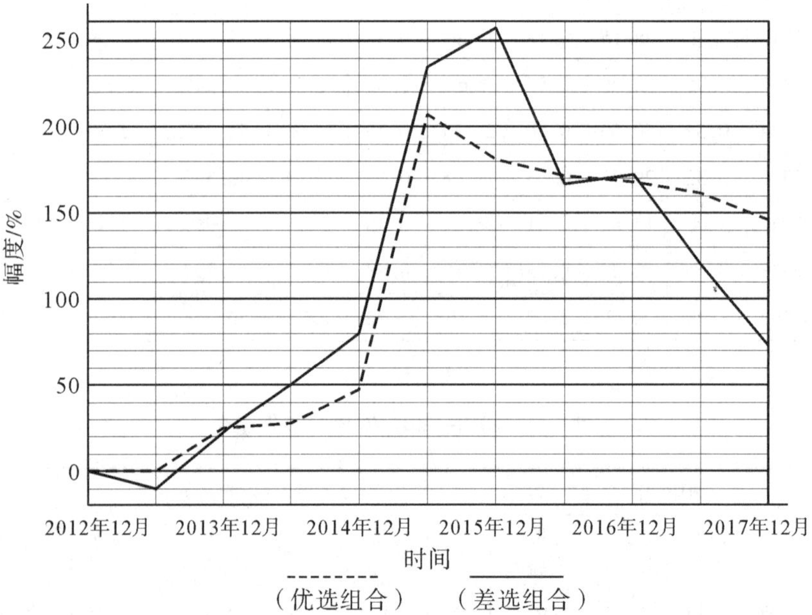

图 2-5　市盈对盈利增长比率优选组合与差选组合股价跟踪（2013—2017 年）

①市场中大部分公司都存在着行业周期性，即使我们尽量避开了选择周期性行业的公司，却仍逃脱不掉市场中普遍存在的周期性规律。

②人们常常关注 PEG 优选的“热门股”，而由于“均值回归”的特性，市场为 PEG 差选的“冷门股”制造了更多的上涨空间。

③此计算中包含着“预期”因素，而在市场迎来牛市时，人们的“预期”会发生变化，这会导致曾经的 PEG 差选股进入 PEG 优选股的

范围，市场资金追逐热点的趋势增强了PEG差选股的上涨动力。

④当达到牛市峰值时，更多的股票变成了热门股，为之后大幅向下运动的“均值回归”现象制造了机会，这也是PEG差选组合在暴涨之后又遭遇暴跌的重要原因。

综上所述，如果希望获取更大的投资收益，那么当市场处于底部区域时，我们则应该利用PEG指标选股法选择那些被人们抛弃的冷门股票作为投资组合。当市场处于牛市时，我们更应该谨慎对待热门股票，甚至应该直接将它们从投资组合中剔除，因为牛市期间的热门股票往往是之后市场经历“均值回归”时最大的输家。

这些都不难理解，但执行起来却非常难，因为我们都有着顺趋势“外推”的习惯，而依据趋势反向考虑“均值回归”的方式会让我们觉得很不舒服。同理，买入股票趋势向下的公司会觉得恐惧，反之才会感觉舒适。

还有种分析认为，如果某只股票的股价较基本面指标评估的价值低，该股胜过市场的可能性就越大。事实上股票的价值是动态变化的，在这个动态价值的基础上，价格表现也很不稳定，没有人能计算出某只股票的真实价值。因此，我们选择股票绝不能将目光只放在所有人可以看到的地方，这样做会使那些给公司造成困境的问题很难被发现。

4. 利用“PEG”测量市场

在2013年之前，我们利用PEG指标选股法分析出A股市场中存在着大量PEG低于1的公司，表明此时的市场处于底部区域，市场中大量的优质股票普遍被人们低估。但在2015年牛市之后，再运用此方法却很难得到合适的标的，说明此时的股价已经被严重高估了。到了2018年年底，在A股经历了N次大跌之后，市场中再次充满了PEG值普遍低于1的公司，这个信号又一次表明市场处于底部区域。

利用“PEG”测量市场的原因是，在“PEG”的计算中包含着“预期”的因素。“预期市盈率”和“未来每股收益增长率”这两大构成计算的因素都会因投资者对市场的预期不同而发生变化，当市场处于牛市或熊市时，投资者会提高或降低对这两个因素的预期。最重要的是，这些预期的改变是在人们投资过程中悄然发生的，很难被注意到。

在我们利用PEG法测量市场时，应尽量关注状况相对稳定的公司，因为这类公司能够代表市场的大多数，测量结果也会更接近整体市场的状况。

5. 蓝筹股中的“均值回归”

“均值回归”也常常在蓝筹股中出现。某些稳健的高成长性公司，比如贵州茅台的股价上涨会使其股票成为专业投资者中流行的股票。其中的原因可能在于专业投资者的行为不仅是为了让基金持有人的利益最大化，还会让自己的投资显得更“谨慎”和“有价值”，以此证明自己选择的合理性，并让基金持有者感觉更“安全”。

从2009—2011年，贵州茅台的业绩连续三年大增，各路机构及专业投资者已将贵州茅台定性为中国最具价值的公司。此时，无论每股收益增长率还是股价上涨的趋势，均被市场专业人士一致看好，且过分高估。

我们理解被市场一致追捧的公司出现均值回归的可能性极高。由于中央政府治腐的决心影响了市场投资者对高端白酒的信心。虽然贵州茅台一直在出售高品质的产品，销售收入和利润也在稳步增长，公司按时支付红利，但图 2-6 显示，贵州茅台的股价从 2012—2014 年年初，下跌了将近 50%。这说明我们基于对公司的喜好来评估股票是有问题的，如果根据市场上流行的指标来判断，很可能会觉得该公司已被市场高估。我们很可能还会观察到，当贵州茅台的单价低于 100 元的时候，其股票会是中国市场中定价最低的股票，而低价格是未来取得超额回报的一项重要条件。现实中，市场情绪导致的下跌会加大股票“均值回归”的可能性。贵州茅台从 2014 年开始的上涨创造了中国股票史上最大的涨幅。但如今我们再用“均值回归”模型对其进行分析，会发现市场有可能再次因过分外推而高估了这只股票的价格，此时投资此类公司股票的回报率很可能会在未来市场转暖后的很长时期内大幅低于具有“均值回归”特性的股票的平均水平，而在市场再次下跌时出现大幅高于平均水平的下降。

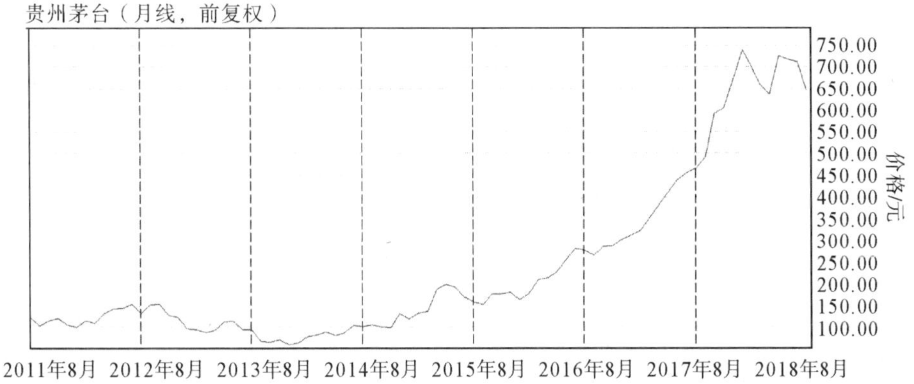

图 2-6 贵州茅台月线图（2011 年 8 月—2018 年 8 月）

6. 警惕牛市中的“高成长股”和“热门股”

作为专业投资者，输与赢不是最重要的，重要的是如何在市场中存活下来。

追逐“热门股”为我们带来的不仅是低于预期的回报率，还有可能带来毁灭性的打击。在这个竞争激烈的市场中能够避开危险的区域，为自己创造更多生存条件才是重中之重。而牛市中出现的高成长股和热门股常常是引起巨大风险的导火索。那些研究公司财务报表情况的交易者们，在拿到早已被公司管理层“粉饰”过的报表时，这些报表就已经成为过去式了。下面我们就来看一个曾经在A股市场中非常有影响的案例。

东方电子——“热门股”的覆灭

自1997年东方电子在深圳市场挂牌上市至2001年上半年，其以每年50%净利润增长成为“中国最优秀的上市公司”并得到了市场投资者的青睐。在此期间，公司股票价格更是上涨了60多倍，成为当之无愧的“蓝筹”股票。东方电子的招股说明书中称，其前身为烟台无线电六厂，主营计算机键盘的生产、销售，募集的资金主要用来扩大主营产品的生产及电网自动化管理系统技术改造。

东方电子公司在股份制改造的同时发行了内部职工股。当时公司规定由领导带头，公司员工最少认购1万元的内部职工股票。作为国内最早发行内部职工股的企业，其内部职工股的发行获得了广泛的市场关注。东方电子公司内部职工股在1999年正式上市之前经历过几次大比例的送配，员工的持股数量增长了8.4倍，按照内部职工股上市流通日股票价格来计算，公司内部持股员工最少将获得 60 多万元的收益。因此这个造就了公司内部几百个“百万富翁”的公司，一时间在 A 股市场中引起了轰动，股价更是迭创新高。

21 世纪初，全球网络科技股兴起，东方电子公司也不失时机地搭上了这班顺风车。2000 年 3 月 7 日，东方电子公司第二届九次董事会会议决定拟投资人民币 1 亿元成立东方网络管理有限公司子公司并将在网络基础建设、网上信息平台、电子商务交易平台三个方面进行开发。公司开始正式进军科技网络。

亮眼的业绩、高企的股价使得东方电子公司的股票广受追捧。然而到了 2000 年年底，东方电子的股票在经历了短期的反弹之后，无故暴跌 30%，这让市场投资者隐约感到不安。

2001 年年初，东方电子公司推出了巨额融资方案，遭到了证监会的持续调查和否决。2001 年 7 月，其股价开始出现暴跌，截至同年 11 月，其股价总共下跌超过 70%，令人咋舌。在来自投资者和证监会的多方压力下，同年 10 月，东方电子公司承认其在信息披露和公司利润方面存在问题，随后的调查更是震惊了市场投资者。

调查发现，其公司之所以业绩持续保持增长，是因为公司将违规炒股所得利润补充进主营业务利润之中。当 2001 年东方电子年报披露时，人们才发现，其真实的业绩相比 2000 年下降了一半，同时其公司也被戴上了“ST”的帽子。而先前公司参与科技网络的计划也随着科技互联网泡沫的破灭不了了之。

我们要对热门股票保持警惕，防范隐藏在光环下的风险。

7.“人弃我取，人取我予”是均值回归中的大智慧

投资市场中最大的风险莫过于遭遇“黑天鹅”事件，它给我们带来的伤害是最突然且最致命的。

“黑天鹅”事件与“均值回归”的收益性及风险性同时具有凸值相关性，可能造成更大的收益或造成更严重的风险。

“黑天鹅”的不可控性及极端性，导致市场在一定的可控范围内呈现极大的“回归”特性，而在跨越了可控界限之后便无法实现“回归”。如美国股票市场经历了数次崩盘或暴跌，由于市场是不可能消失的，因此便形成了介于可控与不可控之间的界限，只要这个界限还未被打破，市场指数便拥有了“均值回归”的潜力。而对于单个上市公司股票而言，因无法保证在其遭遇了极端事件之后不被股票市场剔除，因而这个界限可能会被跨越，从而导致其无法实现均值回归。

熊市时期出现的最大风险是“黑天鹅”事件，同时这也是未来能够获得超额回报的机会。牛市时出现的最大机会是突然性的利好，同时这也将是未来造成崩溃的因素。

大多数负面“黑天鹅”事件都是发生在市场毫无防范或大众认知达到一致的时候，人们普遍相信没有风险才是最大的风险，因此在这种情况之下保持对风险的防范意识是非常重要的。因投资者情绪造成的疯狂上涨的股票，更有可能遭遇“均值回归”的风险，我们需要识别风险并保持警惕。

均值回归是建立在反其道而行的基础上的，它可以让我们习惯性地避开市场中危险的区域，并将目光集中到有机会为我们带来超额回

报的地方。

投资市场中的大多数人，都习惯于随波逐流，跟随大多数人的意见通常会让我们觉得更舒服、更安全，但这会导致我们的收益无法超越其他人的“舒适区”，我们要学会探究自己所不认同的观点。通常在做出“逆向决策”前，越感觉困难、压力和自我怀疑，越容易接近正确的时机。

当我们克服了这些困难做出了选择后，坚定的意志就会变得非常重要。我们必须忍受过程中有可能出现的各种反复，同时还要对那些能够导致形势彻底发生变化的因素做出判断，如国家政策变化或行业、公司发生变化等，也就是说，我们需要同时具备坚定性和灵活性。

我们要为实现最大化的利益做出努力，在参与“博傻”之时始终保持警惕，不能被大众的情绪所影响。

均值回归是市场中的大智慧，更是对人性的反思，但如果想要在长期的投资生涯里有所获得，我们就必须利用市场中的错误，依靠清醒理智的逆向思维投资方法来勇敢突破人性的束缚，而这一切常常源于“人弃我取，人取我予”。

8.“均值回归”赋予投资理论的突破性

20 世纪 60 年代，金融学家尤金·法玛提出的“有效市场理论”风靡投资世界，通过“有效市场理论”来解读当前股票的价格，是建立在投资者对目前市场公开信息的充分解读上而做出交易的结果。基于此理论，市场中产生消息或预期导致股价达到公允价格。但在实践中，投资者却遇到了各种难以解释的问题。首先，投资者在大量的失败投机中发现股票的价格走势更趋向于随机性，在任何时候股票的价格都有可能上涨或下跌，市场中所有已知的数据无法帮助投资者进行准确的预测。其次，对于市场中的信息人们会有不同的理解，这更加无法解释所有信息完全反映在股价变动上的说法了。投资者们对这一理论盲目追逐后的惨痛失败又导致了“市场无效论”的出现。

“市场无效论”认为投资者在投资过程中的认知存在缺陷，投资者在对待股票市场时始终存有不同的偏见，从而造成了市场的波动。基于“市场无效论”的股票市场显然应该是个因不同认知相互作用而永远小幅波动的市场。但“市场无效论”能够说明市场波动的原因，却无法解释市场中常常存在的集体偏见及非理性现象。

1979 年美国心理学家丹尼尔·卡纳曼发表《期望理论：风险状态下的决策分析》，开始研究行为金融学。行为金融学是以人为本的投资行为研究，是投资理论中的重大突破性进展。这种研究避免了以投资市场为基础进行理论分析的局限性，强化了以投资者为主体对投资市场各种现象的分析研究，解释了市场中理性与非理性现象的投资者行为，如对于股价的趋势性、股价泡沫的破裂、对市场信息的过度反应等其他理论曾经无法触及的问题。但在行为金融学的研究中发现，对于股票市场出现根本性转折和大幅变化的时机却始终无法做出可能性的判断。

这些难题使我开始对市场中“均值回归”的现象进行研究，而将此现象理解为投资者行为与客观的投资市场互动的关系再合适不过。由于“均值回归”现象在金融行为学的人为因素中加入了客观的市场规律因素，这使得投资者更有可能推测到在股票市场中发生大趋势的转变时机。“均值回归理论”以整体股票投资市场是个相对稳定的大框架为基础，在这个框架中，投资者的行为在某些时期由于某些原因会发生大的变化，而这种大变化发生的根本条件就是在这个框架内投资者的过度投机行为。而投资者对过度投机行为的纠正造就了“均值回归”现象，这是我对“均值回归”现象在股票投资实践中的突破性研究结论。与现实世界相同，投资市场也在不停地发生着变化，这源于人类投资行为的进化。结合了行为金融学的“均值回归”理论则能够更加适应投资市场始终发生的变化，因为它所具有的强大适应性将成为投资市场中的“终极”框架，未来所有市场投资行为发生的变化都会存在于这个框架之内。

第三章

“智、勇、仁、强”

投资更像是生态学，生存与消亡始终相互博弈。这是个动态的社会，一切都不会一直保持原始的状态。在这个世界中我们需要积累大量的经验并不断对其进行验证。经验是在经历挫折后沉淀出的直觉。不断积累的投资经验可以使我们自觉地避开投资中容易出现的风险并把握住投资机会。

想要在竞争激烈的市场中让自己处于不败之地，仅凭某种单一的理论是无法做到的。我们还需将经验作为框架，将实践所得置入其中使其相互融通，来提高投资者应对市场变化的适应性。

一、“智”——知识经验的整合

在投资领域里，各种实践理论相互交织，并且不断发展进化。投资是需要综合理解的，我们要通过学习和实践去改变投资生涯。如果投资者只拥有单一视角，即使在市场上取得成功，也不过是一时侥幸。作为普通人是否可以获得更多了解的途径呢？答案是肯定的，起码你可以有机会来尝试。

生活中，每个人所接触的领域各有不同，经验也不同，我们可以试着把每个人生活和工作的不同经验融入知识系统中，获得更多对市场的了解。将独立的知识串联起来，帮助我们更好地建立统一的思维模式，是成功投资的有效方式。

当通过各种知识和角度获得的观点、结论相互印证时，投资的决策才更可能是正确的，认真研究它们之间的相互联系，我们将获得更大的把握。将知识融会贯通，除了能够指导投资行为，也会对人们的工作和生活起到促进作用。

建立结构化思维模式很重要。这种模式的宽度代表你所接触的知识领域的数量；长度代表每个知识被掌握和理解的程度；而高度则代表对这些知识的领悟。我们需要做到深入浅出。

1. 沙堆的临界状态

丹麦物理学家伯·巴克曾提出，小事件的连锁反应会导致系统的大灾难。在经典的沙堆效应里，沙子一粒粒掉落到地面上，形成小沙堆。随着沙子的继续掉落，沙堆逐渐升高，当达到无法继续升高的高度，即达到了临界点并处在了不稳定的边缘时，沙粒下落便可能造成沙堆的坍塌。有两点需要注意：①当达到临界状态时，小事件会导致大事件的发生。②沙堆的高度取决于沙堆底基的大小。

当市场牛市上涨时，每一笔投入股票市场的资金都如同掉落在沙堆上的沙子。当疯狂的牛市接近尾声时便处于不稳定状态，这时往往会因为某一影响市场的小事件而导致整体市场的崩溃。

我们还可以把基础交易者看作沙堆的底基，沙堆的高度取决于沙堆底基的大小，把跟风者看作沙堆的上半部分。基础交易者是依据股票的内在价值来交易的，当股价攀升时，跟风者所占比例也逐渐升高。随着股价的上升，大量跟风者被吸引进市场，他们进一步推高了股价，“泡沫”随即产生了，沙堆的坍塌风险便自然增加了。

2015 年，跟风者的大量借贷资金涌入我国 A 股市场，推高了市场价格并导致泡沫一再增大，而之后出现的沪深股市暴跌则是沙堆处于临界状态下造成的崩塌，这次崩塌是由杠杆资金过大过急地进入市场所导致的。

2. 市场永远处于动态非平衡状态

投资市场在试图创造均衡的过程中始终处于波动状态，这种波动属于非动态平衡或缓慢动态平衡。其特征为：

①市场内所有事件相互联系、互相影响，市场情况由无数投资者决策的相互作用所构成。

②没有垄断控制。市场内不存在绝对的控制者。

③没有绝对平衡。始终追求平衡却无法达到真正平衡。

④持续适应。市场系统不断进化以适应新环境。

⑤持续博弈性。某个有效策略的普及导致收益下降，并促使其他策略的产生。如大量资金涌入新股申购，导致新股的中签率明显下降，从而降低了投资者的平均收益并增加了投资者新开户的数量。另外，在板块轮动、热点效应、概念股炒作等中均能见到市场的博弈性。

3. 共振效应

共振效应最初是物理学上的一个概念。当物体受到外界干扰时，其运动规律如与干扰频率一致，就产生了共振效应。军队路过桥梁的时候必须小跑而不能齐步走，原因就是军队齐步走便形成共振，它产生的力量足够踩塌一座桥梁。

股市中也存在共振效应。股票的价格运动会以其内在价值为中心点而上下摆动。当这种“摆动”与外在环境因素达成一致时，股票的价格往往会大幅度偏离其中心点。这便是股市中的共振效应。

①共振的形成

上涨和下跌由共振所影响。不同类型的市场参与者因不同理由买入和卖出股票。当由于某一因素的发生形成趋向一致的操作时，市场产生了共鸣，吸引了更多参与者加入，从而强化了共振效应。市场常常能够在高涨阶段吸引更多的不稳定投机者进入，在逐渐高涨的行情中长期投资者逐渐减少手中股票，这些股票转而进入不稳定投机者的腰包中，并被卖给更加不理智的投机交易者，这时的市场也就形成了强烈的向上集体共振。

②共振的瓦解和再次形成

当市场到达牛市顶端时，个别不稳定的投资者会对市场感到担心，由于最终没有交易者来接盘，某些市场中不稳定的参与者会选择频繁交易手中的筹码，通常在这时牛市顶端会出现大幅振荡，这就是投机者的不稳定状态所造成的现象，因此先前促使股市上涨的共振效应便开始瓦解。

具有相同选择的人增多，市场便出现了波动，更多不稳定的交易者开始抛售股票，尤其在此过程中突然出现的影响市场的利空因素，导致大量交易者急于抛售手中股票，此时反向的共振效应开始形成，抛售变得更加疯狂。在幻想逐渐破灭的过程中，那些不理智的短期交易者们逐渐失去了自己手中的股票和资金，最终大部分的股票又回到了那些理智清醒的长期投资者手中，他们耐心地等待下一波牛市的来临。而那些经历痛苦的不稳定交易者们即使在下一波牛市过程中，也不敢轻易尝试买入股票了。

理解了市场中存在的共振效应就能解释为什么在牛市之中那些热门股会被人们追捧至离奇的高价格，而在熊市时冷门股的价格会变得低之又低。同时也会明白投资者逐渐建立信心的过程会使熊市转变为牛市的过程变得漫长而波折，而共振却会使牛市快速转变为熊市。了解市场中的这种特性会让我们在极端行情时理解市场内在的运行原因，从而冷静理智地进行判断。

4. 避开市场中的混沌状态

近 20 年来，人类对于混沌现象（发生在确定性系统中貌似随机的不规则运动）的研究正在改变着数理科学工作者对决定性和概率性描述的认识。科学家研究发现，在十分规律的运动状态下，即使出现极其细微的变化也会导致混沌状态的出现。这种状态具有不确定性、不可重复性和不可预测性的特点。股票市场即如此。

想对股票市场的短期波动精确定义并不容易。任何投资者都希望对股票市场每天的运行做出合理的解释，但没有人能够持续做到这一点，人们忽视了其中的混沌现象。

人们无法对股票市场的变化做出定义的原因是因为股票价格的变动会受到社会、市场、公司信息及人们的情绪和对各种信息解读程度的影响。这也说明了股票短期价格的变化具有未知的复杂性。而短期交易者被市场中的“噪音”干扰，深深地陷入无法预测的混沌状态中。

在股票市场中，长期的市场走势更能有效影响投资者的收益状况。一个成功的投资者势必与成功的长期投资行为相伴，只有用长远的目光来看待整体市场，才会更容易理解包含在长期投资中的无数个短期混沌状态。因此，相对于短期投机交易者来说，长期投资者更能够有效地预测及分析市场的发展方向，只有忽视那些短期市场噪音的长期投资决策才会为投资者带来成功的可能。

股票市场的短期波动极大地诱惑着投资者们放弃理性去尝试搏杀，而这样做的结果却始终不容乐观。这些投资者往往会被股票市场中的短期波动搞得晕头转向，最糟糕的是习惯于目光短浅的投资行为，会严重削弱投资者对于市场长期投资分析决策的能力。长期投资策略虽然在短期市场的波动中表现得相对被动，但对于市场长期发展来说，这些市场短期波动却显得非常渺小甚至不值一提。

如此来说，投资者培养长期投资的决策分析习惯就显得十分重要了。只有当投资者充分了解长期投资所带来的好处时，才能够放弃短期投资的欲望，抵御市场波动带来的诱惑，最大限度地避开股票市场中短期不可控的混沌状态。

5. 分辨市场的声音

市场中充斥着各种纷繁杂乱的信息，我们必须学会去伪存真。

信息从源头到目的地的过程中会出现很多误差，我们需要追溯信息的源头，保证信息的完整性及真实性，尽可能地对它进行校正，改正错误，减小误差。我们要随时自查是否被市场信息所误导，或是否因为我们的偏见而歪曲了正确的理解，并警惕因我们自身的问题造成的投资策略上的错误。

关于如何分辨信息，有些好方法可以作为参考。当我们接收到市场信息时，请勿盲目理解分析，可以列出信息并在信息的后面备注上你的感悟，这些理解可以是与信息表面所传达的意义完全相反的，也可以是信息背后真正的意图。然后我们从中仔细分析哪种理解更接近事件的真相。这样的习惯一旦养成，就可以大概率地减小误差并有效避免错觉，且能够更加容易地掌控市场出现的变化。

常用这种方法来锻炼对市场信息的纠错能力，对投资者来说是非常有益的。

同样，善于观察并认真对待市场中偶尔出现的细节信息，对执行正确的决策也有着积极的作用。

记得在 2001 年那次以互联网科技为动力发展而出的大牛市后期，巨大的泡沫使一切失去了理智，企业的 CEO 甚至只要在名片上加一个电子邮箱或简单地建立自己公司的网站，就会被市场交易者们认为是企业进入电子商务平台的标志，股价随即在无数投资者的热烈追捧下上涨。之后政府开始逐渐干预这种疯狂的投机行为。当央行屡次提高银行利息收紧货币供应之后，疯狂的市场仍然没有停止脚步，屡创新高的股价使得惧怕泡沫被戳破而抛售股票的人频频踏错步伐、追悔莫及。在意识到潜在的巨大风险后，我开始逐步清空股票的仓位，但市场何时才会出现反转，我无法看得清，既怕灾难突然降临又担心错失机会，这种矛盾的心情始终萦绕在脑海。于是我开始关注身边的细节，比如到交易所内感受交易者狂热的情绪，每天坚持细数门口停放的自行车的数量，甚至到菜市场与商贩们交谈以了解他们对股市的看法等。所做的这一切无非是想找到一个对我最有利的出逃时机。我有一部分朋友从来不碰股票，他们热衷于期货、外汇或其他贵金属的交易。但如今，股票市场的巨大诱惑力使他们将资产全部转移到股票投机中来，这更加让我有了危机感。

重要的是，当市场中类似的情况普遍发生时，股票市场中就会充满各色脆弱的短期投机者。当市场主导权被此类投机者获得后，市场就会变得岌岌可危。因此了解市场中投机者的素质比了解他们所投机的股票更重要。这正是我苦苦寻找能够抛掉所有股票离场的最佳时机。我将剩余股票全部卖出之后告诉了朋友，并告知他们风险即将来临，但他们并不认同。

就在我抛光了所有股票的第三天，市场彻底崩溃了。

经验证明，在极端市场中分析细节的变化往往能够让你在保持清醒理智的同时及时规避市场中的极端风险，做到利益最大化。

6. 大数据背景下的“坑”

在科技发展造福人类的今天，也会发生一些让我们无法释怀的事情，“大数据”便是其中之一。何为大数据呢？举例来说，当你在互联网上选择外卖时，数据会根据你曾经的点餐偏好来给你提示，比如你偏好中餐或是西餐、咖喱或椒盐味道，有哪些你喜欢的餐厅离你最近，常吃的几家餐厅中哪家的折扣更大，诸如此类。这些都是根据你以往的选择习惯所生成的大数据，其让我们在体验快捷便利的同时，也感受到智能数据的可怕。

在这个纷繁杂乱的投资市场中，散户投资者经常表现得像一盘散沙。投资机构通过对散户投资者的投资情绪、趋向、追逐的热点，甚至买卖习惯进行大数据集合分析，能轻松洞察到短时期内大众投资者的资金走向以及未来的趋向。这让我们不由得深思：究竟如何才能避开机构投资者的围追堵截，逃避被猎杀的厄运呢？

市场中的投机者在市场短期影响下所做出的对风险及利益的过度反应通常会被投资机构洞察，也会被这些投资机构所利用。股票市场的长期趋势是受不同因素交叉影响的，在这种影响下，市场不存在绝对的垄断控制。在市场中的一段长期趋势中，资金雄厚的机构即使对某些阶段的涨跌造成干扰，也不会影响到整体的趋势，小投机者则会被趋势中存在的无数个小的波动所诱惑。针对小波动投机会造成投机成本的大幅增加，实为不智之举。

而基于理性分析的长期投资恰恰能够使我们避开这一劣势。抛弃那些目光短浅的追涨杀跌行为，培养自己不为短期利益所惑的做法才能够让我们身处更安全的区域中。

7. 拒绝“拿来即用”

人们研究同样的分析报告，接收同样的市场信息，如果想做得比别人好，就要以与众不同的方式来解释这些信息和数据。我们需要不同的信息和实践经验，并以评判性的思维和不同的角度来审视它们，并非看得越多才懂得越多。如果我们想要识别风险，就必须永远保持开放的思维和敏感的嗅觉。

真正的交易者要懂得从生活中发现并预测信息，而不仅仅是从股市评论家那里获得建议。我们需要告诉自己任何能够在交易市场中得到的信息都已经被表现在行情之中了，那些在交易所里人皆尽知的消息是没有意义的。

市场是个复杂的系统，具有博弈性和进化性。我们需要提高自己理解市场的能力，通过思考消除疑虑、形成正确的意识，这样就会养成习惯。股票市场中的理论分析或操作方法都只适用于特定的情况，如果我们只是将这些方法或理论“拿来即用”而不考虑市场当下的状况，就会非常糟糕。如投资者在牛市尾声进行的价值投资或在牛市初期过分对风险规避进行的操作，无疑会对我们的投资非常不利。

随着人类的发展、科学的进步，我们清楚地认识到，之前所学到的理论和知识并不是绝对的。我们要对知识深入理解，探明其内在道理，做个有识别能力的人，而不只是“拿来即用”。

8. 积累才能创新

经验的积累就是不断试错的过程。在这个过程中，理论指导着实践，实践再促进理论不断完善。在本书第三章第四节中所讲述的西方股票市场投资理论史的演化过程便是理论与实践的不断积累和完善。

英国认知神经学家马克·约翰逊在他的著作《从自然到使然：心

理成熟背后的大脑机制》中曾研究分析成人大脑中各区域之间的神经网络的相互联结性，如同各个村庄通过街道与高速公路互相联结。这种最有效的思维模式，被称为“格栅模式”。这种思维模式也被著名投资家沃伦·巴菲特的黄金搭档查理·芒格所极力推崇。《查理·芒格的智慧——投资的格栅理论》中提出建立“格栅思维”首先要了解尽可能多的知识，但不必成为各个领域的专家。我们要做的是抓住那些真正有用的主要思想，并将这些知识理论联结起来，拓宽我们分析事物的视野。查理·芒格用“格栅思维”对公司的内在价值进行更接近客观真相的准确评估。在本书第二章第四节中关于如何最大化利用股票市场上普遍存在的“均值回归”就是优化联结性的表现。

这种思维模式能够将更多更优的知识及经验进行不同程度的联结，从而创造出更有效的结果。有时这种思维与经验的联结还能造成不可思议的突破。《黑天鹅》的作者纳西姆·尼古拉斯·塔勒布在他的另一本书《反脆弱：从不确定性中获益》中表述，对于人类重要的或被人类所接受的发明创造往往来自非线性的过程（非线性的意思就是“所得非所望”，起始与结果不成比例，没有推测性但具关联性）。每个看似独立的知识或事物通过某种意义的联结又会产生新的知识和事物。

在投资的世界中经验的重要性在于充分积累之后的突破，我们有时称这种突破为“悟性”或“直觉性”。当我们在投资实践中获得各种经验时，要明白这些经验都存在专属性，某些经验只适用于某一特定情况，在其他情况中却无法给予投资者任何帮助，甚至还会导致不良的后果。经验通常是对过去的总结，并不一定能在未来进行成功的复制。要时刻保持警惕，不要盲目地利用自己或他人的经验，这对于投资者来说有着重要的意义。

9. 现实与猜测的距离

我们在投资过程中研究理论、积累经验，却忽略了现实中遇到的问题会让我们无法取得成功。

2009 年年初，我参加了同仁堂公司的股东大会。在那次股东大会中，除了我是公司的小股东外，其余的股东都是银行或大型基金的代表人。在会议中我提出了一些针对公司前景与发展重点的问题，公司的领导们对这些问题的答复让我很满意，且领导们对于公司业务及行业专业性的熟悉程度让我印象深刻并极为钦佩。事实上他们中的大多数都从基层开始凭着自己的能力一直做到今天的管理岗位。但当他们谈到公司某一业务未来的发展时，我却忧心忡忡。

在中国很少有人不知道同仁堂。这家有着上百年历史的、以中药业务为核心的企业，在人们心中是一流的，原因在于他们非常重视药材的质量并具有精湛的药品制作工艺。正因如此，我才会在市场大跌之后，买入其公司的股票，并开始更多地了解这家公司。

公司逐渐发展壮大，开始针对中药行业进行多元化经营，其中大力发展同仁堂中医院便是重点规划。当时，中医院已非常普遍，各医院间的竞争也很激烈。

这让我对同仁堂公司将要发展中医院的规划心存疑虑。正是这个原因让我在持有同仁堂股票的半年后便将其全部抛售掉了。而在之后 4 年的漫长熊市中，同仁堂的股票却一路走高，股价上涨了 5 倍之多，到了2015年的大牛市时，其最高点比我买入时上涨了整整7倍，而我却只从中获利了30%。

我曾经询问过一位到同仁堂中医院治疗过的亲戚，他告诉我，人们常常会在半夜开始排队等待早晨的开门、挂号、问诊，在其他病友看来，能在这里接受治疗的病人是非常幸运的。这使我深感后悔，并不是因为获利少，而是为我没有从现实出发，没有客观了解真实情况。这又一次让我从失败中得到了宝贵的经验，在今后的投资路途上要更加重视对现实生活的观察与了解。正如投资大师彼得·林奇曾经说过的，我们要从生活中发现投资机会。

二、“勇”——培养决策力，把握机会

人类的决策力是一种行为能力，做出选择有时并不是因为我们知道自己一定是正确的，而是因为即使失败也能带来宝贵的经验。

有效的资金管理在于优秀的决策机制。然而具备勇气的决策力往往被人们看成非理性的行为。事实上，以实践经验为基础的坚决果敢的态度能够使我们在面对艰难时，勇敢做出充满信心的选择。

在决策前，我们应该排除心理干扰，减少情绪问题带来的不良后果，并做好应对错误的准备。我们应该在做出决定前对自己的情绪及心理状况进行剖析，以检验自己的想法是否正确，避免做出仓促的选择。

1. 克服心理障碍，培养决策能力

再好的投资策略和交易系统都要经受交易心理的考验。通常投资

者非常难过心理这一关，获得好的心理素质关键是要学会如何掌控自己，避免急功近利，做到量力而行。下面我为大家列举几种常常被忽视的交易心理问题，来提高我们的警惕性：

①“祸不单行，福无双至”

普通投资者会发现，交易失败常常是具有连续性的，而成功的交易却很少重复，这其中也存在心理因素的影响。也许正是因为这样，我们才不知不觉将自己陷入了“赌徒希望”中。在这种心理的影响下，交易者会在失败之后更加积极地再次投入到交易中，所交易的资金甚至也会比先前更多。他们希望依靠概率的胜算来挽回曾经的损失，并且经历的失败越多，越在潜意识中认为胜算的概率会变大，最终失去理智，输掉所有。

我们知道投资市场中并不普遍存在概率，市场的运行更多取决于其内在的因素。

当交易成功时，投资者会沾沾自喜，把成功归功于自己的明智，以致对市场放松警惕，这往往会为后面的惨败埋下伏笔。我们需要克服这种心理状态，保持理智并减少交易频率，做到“输时收手，赢时三思”。

②过度自信，失去判断力

“在我们狂妄自大不可一世时，你应该抬头看看晴朗的夜空，只有这样才能发现我们自身的渺小与不足。”

过度自信可以说是大多数投资者的通病。过度自信既可以表现为过度相信自己的判断力从而忽视其他客观因素，也可以体现为不能准确认识自己的真实能力。

心理学家布里特·斯蒂恩博格在《重塑证券交易心理》中写道，现实中的人们往往更倾向于过度自信，人们相信自己所拥有的古董更具有价值，也会认为自己的驾驶技术比其他人更胜一筹。在投资市场中也是同理，人们认为自己所拥有的股票更有潜力，价格涨幅会更高，这种心理一旦转变为过度自信，在遭受挫折时，便失去了对真实情况的判断力。

要彻底消除这一心理障碍很不容易，因为人们很难分清自己究竟是在坚持正确的事情还是已经陷入了过度自信。我们也可以试着用其他方法来减轻这一心理障碍对我们的影响，比如：在交易中设置适当的平仓保护，如 10%止损、30%止盈；降低预期回报率；等等。

③逃避压力，心理偏见

有很多情绪偏见都跟逃避心理压力有关。人们总是希望将自己的情绪保持在一种轻松、愉悦的非压力状态，因为这是人类一种正常的自我保护机制，所以投资者总是会想办法避免产生压力情绪。这种为了逃避不良情绪而做出的投资选择往往也是非理性的。

许多人在股票交易中因为害怕后悔，在大盘疯长的时候逢高买入，结果大盘开始下跌了却迟迟不卖，总希望有一天能够涨回来。这种心理压力无法及时止损。总体来说，人们投资前的冲动和投资后的放任侥幸，大多都是被逃避压力的心理偏见所影响的。

④预知能力，集中范围

人的精力是有限的，认清我们自己的“有效射程”能够帮助我们做出正确的判断，避免因才疏志大、好高骛远而导致的投资失利。

被誉为“美国共同基金之父”的投资大师罗伊·纽伯格在其漫长

的投资生涯中，始终告诫自己：“投资的成功是建立在已有的知识和经验基础上的。最好在自己熟悉的领域进行专业投资，如果对它知之甚少，最好还是离它远点。”

我们在积累经验、提高能力的同时，还需缩小自身的能力圈，让我们在有限的投资范围中获得更多的安全性。在这个世界中，有时需要用减法才能获得优势。

⑤过度分析，患得患失

很难想象当我们做出了正确的投资决策时，却因过于谨慎担心而对其过度分析，最终导致无法取得预期收益或出现损失时的沮丧心情。

市场中的确存在着这一类型的投资者，原因也许出于他们对自己缺乏自信或过分保守，无法做出让自己信服的投资决策。

我们在日常的新闻中也会看到类似情况发生。在 2008 年美国次贷危机发生后，全世界的媒体都在报道此次危机对经济造成的灾难性影响，预测美国经济将一蹶不振。这让投资者们终日惶恐。事后证明，美国的经济并没有遭受到毁灭性的打击，美国的股票市场也很快表现出更强的向好趋势。因此过度分析会造成理性的缺失和无法挽回的决策性错误。

作为市场参与者，我们不必对每一个信息面都过分关注，过度分析会增加我们对自己决策的不确定性，从而做出非理性决定。

⑥当机立断，果断取舍

佛曰：“以舍为得，得从舍处求。”一个人的成就越大，所舍弃的也越多，难舍能舍，无所不舍，方能难得所得，无所不得。相反，在投资市场中，我们耗费的精力越多、用去的时间成本越长，就越是难以舍弃，即使某些投资已经变得非常糟糕。《塔木德》中曾说，人的一生就是由大大小小的选择而决定的，所有的成功与失败都是无数次选择的结果。如果我们选择放弃今天的错误交易，就有机会创造明天的正确，这些决定关系到我们未来的成败。在投资中，大多数投资者取得的结果将更多地取决于失败投资的数量及程度，而不是致胜投资的伟大，良好的风险控制是优秀投资者的标志。

巴菲特在 1989 年致股东的一封信中叙述了自己作为伯克希尔·哈撒韦公司控股股东在投资中所犯下的错误。他承认其最大的错误就是当时尽管十分明白伯克希尔·哈撒韦纺织公司的主营业务前途暗淡，但还是图便宜买下了它。他认为如果以十分低的价格购买了一只股票，只要能抓住合适的机会脱手就可以获得可观的收益，但之后便意识到这个投资并不理想，并解释说：“在面对一家四面楚歌的公司时，一个问题解决了，另一个问题又会接踵而来，就像厨房里从来不会只有一只蟑螂那样。”这个交易最初的价格优势很快就被企业的低利润所消耗，因为时间是好企业的朋友，同样也是坏企业的敌人。对于这笔交易来说，出手的时间拖得越久当初的交易成本就会变得越高。然而巴菲特却错过了最佳的出手时机，之后很长的时间里，这个企业就像个填不满的无底洞那样让他一点点地失望。终于在很多年后他不得不彻底清算资产并将其改造成如今的伯克希尔·哈撒韦，主营保险业务。他曾后悔地说，如果当时这笔钱买入的是他一直认为资产优良的保险企业，那么他的资产会比今天至少增加 300 亿美元。

实际上，投资的过程就是决策的过程，虽然没有人能做到不犯错误，但避免身陷已知的错误的确能为我们的未来赢得更多成功的机会。

2. 用决策力来保障正确的预测

①市场中的“预测”与“不预测”

在投资市场上经常听到有人说“不预测”，其实在投资市场中并不真正存在“不预测”，任何形式的分析方法得到的结果都会包含很大的预测成分。市场中的预测行为并非对投资无利，相反，市场中的“不预测”却危害很大。想象一下，如果投资者面对市场中的波动和混沌状态时只是机械地设置止损及止盈点位，那么他们基本上是依靠这些点位来决定自己在市场上的进出。对市场没有任何形式的预判，通常会让他们不停地进出市场，大量频繁地操作，疲惫不堪甚至高买低卖制造亏损，这显然并不适应真正的市场。如果我们能谨慎预测并持续对预测动态进行评判就会更加有益。

纳西姆·尼古拉斯·塔勒布在其《反脆弱：从不确定中获益》一书中曾表述，对于预测的事物，更重要的是在预测中加入更多确定性的因素，如果我们在预测中使用了更多未知的因素，预测的准确性便会大打折扣。在股票投资中，我们也应遵循这一原则，尽量将更多已知因素加入预测当中，而不是用猜测来预测。

②预期性悖论

市场中有种情况是大部分投资者对某种股票拥有共同的预期的价格范围。那么现实的价格是否会超越预期的价格呢？我们会发现超过预期价格与未超过预期价格的回落都具有可能性。

交易者在追逐价格上涨的期间，会因为其预期价格的逐渐临近而变得越来越谨慎。类似大量的谨慎交易带来的是当价格未达到预期便开始回落或震荡，而遇到市场中某些利好因素出现变化，哪怕只是微弱的向好改变时，交易者就会尝试以高于其他交易者的价格买入股票，而这些能够抬升股票价格的举动终会导致价格突破预期。价格的突破能够在很大程度上影响人们对其曾经预期的看法，甚至是在趋势上造成颠覆性的改变。这会导致交易者抛弃曾经的预期，主动支持能够达到更高价格的积极因素和观点。随着对新观点认同者数量的增多，价格最终会出现大幅度的上升甚至形成长期趋势。但需要注意的是，通常情况下在表现平平的市场环境中，更容易出现的是价格突破预期后便快速地大幅下跌并刷新曾经的低点，而在价格向下出现新低点后又会大幅度地反转上升。对这种情况的一种解释是，市场环境的平常性常常会造成大量散户投资者的资金跟随某些资金集中的投资机构操纵者，也就是说总有某些大资金的操控者会利用交易者突破预期的心理来谋利。基于这种解释，突破预期的同时常常伴随着交易者们认知的崩溃和瓦解，由此出现大幅度的反转。要知道“聪明的资金”是在大多数交易者拥有极端情绪的情况下盈利的。由此基本可以得出一个结论，在具有高博弈性的股票市场中，当投资者对股票预期趋势倾向于一致时，实际结果会让大多数人失望，这就是股票市场中常常存在的“预期性悖论”。

③及时矫正“预测”保障安全

进行分析研究后每个人都会对股票市场的未来有大致的预期。当人们根据这些分析来预测市场能否按照自己的判断发展下去时，需要了解预测本身并无害，重要的是有了自己对未来市场的描绘后，如果出现与自己预判不一致的情况，哪怕只是微小的细节发生错误时，都要引起足够的重视，必要时还要及时推翻自己先前对市场的期望。因为在这种情况下，市场经常会发生巨大的变化，这样做往往能够在市场转折时第一时间做出正确的决策，避免因后知后觉导致的巨大亏损。但对市场的预判是需要与市场发生的变化相互印证的，并以实际情况为根据，不可盲目决定。

预测要依据周期分析、公司的价值评判及市场理性程度等，并不是以单纯的价格或图表及市场上流传的消息来进行的。分析是要挖掘价格以外的并不引人注意的深层因素。

我曾经有过一段很有趣的投资经历，让我受益匪浅。

2010 年的上半年，在股票市场经历了 2008 年的大跌和 2009 年的大幅震荡之后，我开始对创业板中刚刚挂牌的唯一一只农业股票产生了兴趣。我每天都在仔细观察这只股票，研读它的各种数据和报道，并做出自己的分析。之后，我确定对它进行投资，期限设定在一年左右。当这只股票的价格下跌到一个新的低点并不再继续创出新低且逐步回升时，我开始买进它，并加入了借贷资金，但这部分借贷资金只占我自有投资金额的三分之一。使用适当比例的杠杆有助于投资者保持耐心与理性，杜绝了投资心理不稳定情况的发生。这只股票在上涨过程中有过好几次大幅度的价格震荡，都被我熬了过去，我既没有参与短期的高抛低吸来博取差价，也没有继续增加或减少对这只股票的投资数额，而是安静地等待并坚持采集和分析与它有关的信息。

半年后，行情开始由缓慢上涨变为大幅上升。我虽然没有打算卖出这只股票，但还是隐约感觉到这种上升带来的风险有所增加，因为不到半年的时间我的账面盈利就已经多出了 1 倍。这让我有些警惕，毕竟我的资金里使用了三分之一的杠杆。在经历了一个不眠之夜后，我下定决心卖出这只股票中的杠杆部分，并继续持有自有资金和当时获得收益的部分。在经历疯长之后，这只股票震荡加剧并开始不断创出低点。由于我过分坚持长期投资的期限，耽误了卖出的好时机。当我终于下定决心全部抛出这只股票的时候，我的利润已经缩减到了 50%。

这次经历让我得到了三个宝贵经验。第一，杠杆投资的风险很大，因为市场上什么情况都有可能发生。但当这些突发事件出现时，正确比例的杠杆投资却可以增加我们的耐心和信心。第二，当我们在投资过程中感觉到风险在逐渐积累时，需要用有效的方法来降低我们额外承受的风险。第三，对于长期投资的时间计划，需要根据不同的现实情况进行调整。我们需要在投资中保持耐心和敏感。我们无法创造投资机会，坚持追求高收益会榨干自己的利润。

3. 坚持自信，相信直觉

不可不自信，也不可过分自信。在投资交易中过度自信或失去自信都会带来不良后果。要从市场的实际情况出发，坚持自信，相信直觉。

2015 年出现了杠杆大牛市，由于之前我对这波狂热的杠杆牛市早有预判，当行情未完全见顶时我便全身而退，并在未加杠杆投资的情况下收获了 4 倍多的盈利。我为自己在耐心潜伏后而得到超额回报感到欣慰，也为在行情疯涨时期理智退出感到幸运。但当行情再次上涨时，我又顾虑重重。一方面，我对这个狂热的市场有着冷静和坚定的判断，而另一方面，我又对市场的热度丝毫不减充满了不解。政府多次强调配资杠杆的失控造成的投资过热将会引起灾难，因此我做了两手准备：第一，需要尽快证实自己对这波危险的判断。第二，如果这种恶劣情况得到控制而行情仍未结束，自己仍会继续谨慎地参与进去。

行情继续疯长，直到有一天，出现了一则让我充满信心并且能够勇敢坚持下去的报道。投资的世界充满了危险，尤其是那些习惯了杠杆投资的人们，他们面对的风险往往会超过自己的承担范围，而投资失败将会带来更加痛苦的感受，很多人甚至因此一蹶不振。在那则报道中，有一位年轻的男士携带了股票大额配资的账单跳楼自杀。很显然他是因为投资失败无法偿还贷款而被逼入绝境的。新闻报道在惋惜年轻生命的同时，还重点强调了高比例配资炒股的危险性。这次突发事件造成了杠杆资金借贷者的恐慌，政府也明确要对这种情况进行干预，因此我有了更大的信心。我判断真正的资金踩踏事件将会发生，因为曾有数据表明那波牛市疯涨期配资的比例已经超越了警戒线。我需要的就是静观其变，同时我也将自己的判断告知了身边的朋友们，让他们将手中持有的股票尽量抛售以避开将要发生的危险。几天之后，山崩地裂的股灾开始上演了，欣喜若狂的人们消失了，而我却收获了朋友们的感谢和信任。

这个事件让我更加明白了要充分相信自己，坚定信念。

三、“仁”——“退其身而身先，外其身而身存”

老子曾曰：“退其身而身先，外其身而身存。不以其无私欤，故能成其私。”

由此可见，将自己的利益退居其后，反而能处于优势，将自己的得失置之度外，反而能得到更好的发展。这种不自私自利的行为，客观上成就了功业，也成就了自己。

任何一家企业的管理层，如果能把所有股东的利益摆在重要的位置，不损害股东的利益，那么这个企业会受到尊敬和拥护，企业的发展也会更加稳定繁荣。

1. 老和尚的“仁”性

有个关于老和尚与股票投资的故事。在一座庙里有位佛法高深的老和尚。一天，庙里来了许多炒股的香客，希望菩萨保佑他们脱离苦海。老和尚心善，问其原因。香客们说，股票大跌，他们被深度套牢，赔了许多钱，不知怎样才能脱离苦海。老和尚心想股票真是个坏东西，害了这么多人，我佛慈悲，以救人为怀。于是他就倾尽庙中的香火钱来解救众生，买进了那些让人痛不欲生的股票。好多日子过去了，股市大涨，香客们又来庙中烧香，一个个情绪激动，求股票快涨多涨，都希望自己能够拥有更多数量的股票。老和尚不明白，怎么股票又成了好东西？既然大家都想要股票，那就干脆卖给他们吧。类似的情况出现多次之后，老和尚发现自己为庙里赚了很多钱，大家纷纷向老和尚讨教炒股的秘诀。老和尚无奈地说："哪有什么秘诀，我只是怀着一颗仁慈之心而已！"

很多失败的投资都源于人性中的贪婪和恐惧，而老和尚恰恰是因"仁"获利。

2. 拥有仁爱的协同观念

"夫君子之行，静以修身，俭以养德，非淡泊无以明志，非宁静无以致远。""仁"不仅是慈爱之心，是谦卑的心态，更是超越大众的修行，与人为善的态度。

《菜根谭》有云："路径窄处，留一步与行；滋味浓时，减三分让人尝。"人与人之间是利益协同的合作关系。在任何行业中，你的成功势必会有他人的帮衬，同样，在帮助别人获得成功时，自己也会有所收获。由嫉妒产生的竞争会带来不良后果，会使我们失去理智，失掉协同合作、吸取经验的机会。

投资市场不是赌场，我们并不是处在零和博弈的对赌游戏中，我们需要的是在这个缤纷多彩的世界中了解并帮助身边的每一个人，并在这个过程中提高自己的能力。

投资市场里存在着诸多形式的合作关系，包括经验能力的交流、资金资产的合作互利、投资渠道的合作、信息资源的共享等。在与人合作的同时为他人利益着想，并更好地发展自己，是我们一直以来追求的目标。"天下皆知取之为取，而莫知与之为取"，人们都认为只有获取别人的东西才是收获，却不知道给予其实是一种更大的收获。

我们每个人都是不可复制的，每个人都不应该妄自菲薄，也不该狂妄自大，所有人都是平等的。在平等、尊重的基础上，还要承担责任并传播正能量，始终培养包容互助之心。我们需要为自己建立一个互联、互通、互助的平台，通过自我学习、自我提升、自我觉醒来实现财富自由、幸福和谐，并怀着谦卑平和的仁爱之心在这纷繁激烈的投资市场中不断取得进步。我很愿意将自己在实践中得来的经验与人分享，尤其是那些正在学习或还未开始专业理论学习的学生们，这样就可以让他们在未来把书本理论与现实更好地结合在一起，使他们更早更多地了解这个市场的内在含义。

3. 重视具有“仁”性的公司

①从股东利益出发的公司

在过去 10 年里，港股伟易达向市场总计派发股息达到惊人的 266 亿港币，填权后其股价高达每股 173 港元。在 2017 年的业绩大会上，伟易达宣布为公司投资者派发高达每股 5. 48 港元的股息，相当于同年总利润的 98. 2%，堪称最具“仁”性的港股公司了，而这已是其连续实施高分红政策的第十个年头。

作为全球最大的幼儿学前学习玩具的制造商及全球最大的无线电话生产商，伟易达是当之无愧的行业龙头，其优秀的盈利能力也印证了这一结论。

值得一提的是，据公司财报持股比例数据来看，公司管理层共计持有公司 35. 51%的股权，而其他大部分股权都由公众持有。也就是说，公司大部分的分红派息都派给了公众股东，可见公司的“仁”性。

这些能够为投资者带来高股息分红的公司，无论是净资产收益率还是经营现金流，都会表现出强劲稳定的态势，而这类公司的负债率也常会保持在安全范围内。图 3-1 显示了 2001—2018 年港股伟易达的股价，其上涨幅度已超越了香港恒生指数。

图 3-1　2001—2018 年港股伟易达与香港恒生指数走势对比图

股票投资者除了需要具备长足的眼光进行长期投资外，还需要找出那些能够为投资者带来稳定回报并拥有长期稳健经营理念的公司。这样的公司不仅能为我们带来长期稳定的回报，更能表现出其在所处行业中所拥有的稳定的市场份额和公司管理层对公司的信心。这样的公司更能稳健地成长，并吸引大量长期投资者。

综上所述，一个具有“仁”性的公司的基本特点为：

第一，不以私利为目的且能够稳定分红。这证明公司管理层考虑了公司大多数股东的利益，同时稳定的分红也代表了公司财务的强劲。

第二，拥有长期稳健的经营理念。这代表了公司主营业务的稳定，很少或不参与其他行业的经营（这将增加公司的行业竞争力并减少经营不专带来的风险）。

第三，拥有行业内稳定的份额和持续的竞争力。这能够保证公司稳健地成长，并使股东稳定获利。

第四，公司管理层对公司具有信心。公司管理层对公司的信心表现在大多数经理人在公司任职稳定，且其持有数量稳定的公司股票并愿意在公司股票出现跌势时增持。

正如投资大师巴菲特对其投资生涯的总结：“我们喜欢一个具有持续竞争优势并且由一群既能干又全心全意为股东服务的人来管理的企业。当发现具备这些特征的企业而且我们又能以合理的价格购买时，我们几乎不可能出错。”

②重视诚实有责任心的公司

曾经有位富有的商人，带着他的两个徒弟阿仁和阿利靠制作品质上乘的手表享誉全国。但由于年事已高，他希望从两位徒弟中找到一位继承人。究竟选谁呢？这位富商左右为难。一天他把两位徒弟叫到身边，并告诉他们由于时间紧迫必须赶一笔工，希望他们用最短的时间做出最多的手表。三天过去了，富商前来验货，他发现阿利做出了最多的手表且在规定时间前便完成了任务，但手表的质量却良莠不齐，品质大打折扣。而阿仁做出的手表虽然数量不如阿利的多，但品质依然优良。于是富商做出了让阿仁成为继承人的决定，并告诫愤愤不平的阿利，如果我们仅为谋取短期的利益，最终将失去客户；而我们以诚为本为客户着想的话，虽然交工会晚些，但最终会赢得信誉。可见，市场信誉才是企业生存下去的根本。

有些公司虽然因为某些原因遭遇不幸，却仍然保持着诚信正直的品格，没有慌乱地并购重组，没有跟风追逐热点，而是兢兢业业专注于自身的主营业务，即使公司的股票下跌，也不会产生长久的影响。

不同的公司管理层拥有不同的经营品德和原则，只有那些光明磊落、诚实守信的管理层才会带领公司走向成功。投资者单从公司的财务指标上是无法看出公司的优劣的，这需要我们付出大量时间进行跟踪和了解。总而言之，时间能检验一切。以诚待人的公司才是最“聪明”的公司，才会被更多的投资者所青睐。

③重视拥有良好口碑的公司

一个公司是否被大众认可和接受，取决于其产品的质量和品牌效应。

企业通过高品质的产品和服务及令大众耳熟能详的广告宣传建立了品牌。在创立品牌的过程中公司付出了很多的资金及管理成本，注重产品和服务的质量。高质量的产品被越来越多的人所接受，在同类产品中显现出巨大的竞争优势。也就是说公司的口碑与其在市场中销售的产品有着相互促进的作用。这种良性循环更容易带领企业走向成功。

现实中，这类公司的优势与其股价表现有时并不同步，但从长远来看，它们之间却有着绝对的相关性，这种不一致就成了我们获取利润的关键。

④重视拥有优秀管理层的公司

公司所处行业的发展能够促进公司内在价值的进一步提升，从而引起投资者对持有公司股票的积极性。股票供需结构的改变，导致股票价格出现变化。股票价格上涨使得公司拥有更多可支配资金，这些资金促进了公司的发展，又可以引起股票价格的进一步上升，实现公司发展的良性循环。

但实际情况通常是公司在行业发展最热、市场高涨时，将更多可利用资金和银行贷款用于收购、兼并、扩大规模或投入到其他热门行业中去，这就加大了企业的风险。如果这种情况在行业繁荣期一直循环下去，资金的杠杆便会持续扩大。市场热情总有一天会消退，市场对这些热门行业和公司的追捧在未来是具有赎回性的，当市场降温时，这种资金便会显露出它凶残的赎回性，企业的规模与高额的成本无法及时同步减轻。有时为了弥补公司的资金短缺，企业管理层会想尽办法，包括以股票质押获得资金等方式来暂时缓解企业的资金压力，但市场进一步走坏可能让情况更加恶化，这也是上市公司在衰退期比同行业内的非上市公司衰退得更加严重的原因。

处于产业上升期的公司并不意味着其管理层是优秀的。那些真正优秀的管理层深知进退，在行业或整个市场繁荣时期适时减少资本杠杆投资并合理配置资产，以便在衰退期到来时减少或避免伤害。

4. 避开缺乏“仁”性的公司

上市公司与市场中的散户投资者之间存在着天然的信息不对称性，某些上市公司的股权高度集中，公司的实际拥有者们基于自身利益的最大化而做出各种欺诈、隐瞒的举动，有时甚至联合其他机构对股价及财务进行操纵，即使是市场监管层也很难进行调查取证，更何况是大众投资者了。这种情况的发生是市场道德风险的表现，并且这种风险始终将以各种方式存在着，作为中小投资者来说永远无法认清其中的全部事实。

某些公司管理层面对市场中业绩预期和股价下行的巨大压力时，

会铤而走险，运用各种手段操纵财务来达到市场的预期和满足自身的利益。这些卑劣的手段有可能致使大量被蒙在鼓里的投资者遭受巨大的损失，有时甚至可以用“抢劫”来形容这些恶劣的造假手段，比如“左手倒右手”刻意制造虚假公司业绩、财务造假欺诈上市、私占公司财产等。在面对这些令投资者深恶痛绝的现象时，我们更需要注意的是隐藏在深处的财务操纵手段，这些情况往往处于合规与不合规的边缘，有时还披着“合法”的外衣来迷惑和愚弄大众投资者，对于类似现象我们必须提高警惕。

①警惕与同行业相比会计程序不同的公司

这类企业的财务报表有可能存在问题：生产经营的成本被故意降低，人为增加收入。

通常情况下，每个行业都有大致相同的会计程序，如果某家公司与同行业内其他公司的会计程序存在很大区别，且财务状况表现抢眼，我们就要尽量避开这样的公司。合法但不合理地改变公司的会计程序，能够提升公司在行业内的财务状况，但这种做法对于行业内其他公司并不公平，也会对投资者产生误导。

例如，某些公司会将经营性成本，如原材料采购、广告费、营销费、租赁费等进行资本化摊销，这些费用将不再计入企业的经营成本中，而是以长期摊销成本的形式来大幅提升产品的利润率及企业盈利能力。

②警惕与同行业相比资产折旧不同的公司

公司中的经营性资产如印刷企业的大型印刷机器、物流公司的车辆等是存在使用寿命的。某些公司通过延长其经营设备使用寿命来减少财务报表中分摊的折旧费用，以增加企业收益。

另外，某些企业也会将资产折旧期缩短，这样便可以将这类支出提前计入，以便对企业的财务指标进行改动，达到欺骗目的。

如果发现公司存在这类问题，就更要对公司的财务状况进行全面了解。某些上市公司还会与关联公司分摊经营费用、管理费用等来调节公司财务指标，这种情况常出现在集团公司与上市公司之间。当上市公司经营状况不佳时，集团公司会调低上市公司交纳的费用、帮助上市公司承担费用或退还上市公司曾经交纳的各种费用等，来提高上市公司的财务水平。

③警惕与同行业相比收入突然大增的公司

用某种方式大幅增加销量或将长期收益预支为短期收入来提高收益及完成销售目标，是一种常见的财务操纵手段。公司通过大幅促销或预支销售额的方式将大量产品销售给客户，虽然增加了应收款项且提高了当期收入，但这样做实际上透支了企业今后的销量，市场短期内消化不了的商品最终还是会影响到企业未来的收入。某些公司也会将长期合同收入计入短期收益，冒着未来业绩退步的风险来提高当前业绩，他们这样做通常是因为公司面临着财务方面的巨大困难。

另外，应收账款的大幅增加使企业现金流长期匮乏，这将使其陷入更大的困境之中。

④警惕与同行业相比业绩“稳”增长的公司

公司的业绩能够保持稳定增长是件好事，这意味着公司的产品或服务被更多的人所接受，或公司开发出了更多优秀的产品，提高了知名度。这些都使公司的财务表现保持强劲，并实现稳定可靠的增长。但有些公司自身的产品或服务并不优秀，尤其是整体行业处于衰退期时，公司管理层为了自身利益持续收购兼并其他企业来保持表面上稳定的业绩增长水平。如果我们把企业的收购兼并比作享用美食，那么之后的消化吸收才是最关键的。如果企业很难在短期内有效地整合，那么收购兼并行为会在未来造成许多不良后果。事实上，某些企业只是通过这种方式来补偿自身的短期收益，这其中有一种行为是在兼并前通过对预兼并企业预先支付职工红利及其他费用，并将已实现的收入延期至兼并后计入等方式来粉饰兼并后的经营业绩。这样的企业自身并无很好的发展，业绩增长依靠的是弄虚作假，如果企业一旦停止作假，财务表现将大幅下滑，引起市场的连锁反应。

⑤警惕出现大额非现金交易的公司

非现金交易就是企业售出商品并以现金以外的其他方式进行价值交换。比如，一家生产洁具的公司将自己所生产的商品销售给另一家建筑装饰公司，不以现金形式结算，而以这家装饰公司为自己企业新建的一幢大楼进行整体装修来作为其商品价值的交换。这种做法最大的问题在于如何准确地界定交换的价值。如果交易一方突然破产或出现其他无法完成价值交换的情况时，交易双方都会遭受损失。

通过财务操纵来粉饰公司报表的公司，通常会吸引大量投机热钱的涌入。这类公司的股票在爆炒过程中问题一旦浮出水面，高高在上的股价泡沫便会面临破灭，使其产生的财富瞬间蒸发，让所有投资者猝不及防。因此，发现苗头并预知可能存在的问题，再及时避开，才是我们正确的选择。

四、“强”——智达者必志强

1. 市场中“知”与“行”的统一

人们崇尚“知行合一”。在人类的潜意识中“知”与“行”本身就是统一的，如果其中出现矛盾，是因为我们的认知并不是正确有效的。“知行合一”的关键在于“知”，正确的“知”才能衍生出正确的“行”。即古人所说欲“知行合一”，必先“致良知”，如欲达成“强”，必先有其“智”。

市场中疯狂频繁的投机行为与理智有效的长周期投资是“知”与“行”无法达成统一的实证。一方面，投机者们每日进行着各种激烈的投机行为，最终一无所获，又始终无法真正改变自己。他们常常怀疑自己却又不能自省，对于这样的人来说，频繁投机是他们最大的乐趣，更是他们难以摆脱的痛苦。

短期交易者们也会利用各种技术分析软件上提供的各种免费指标、时间周期和各种仓位管理法等来获利。但这样行得通吗？答案是否定的。比如当用时间周期来分析短期行情的投机交易时，我们知道时间周期最怕的就是突然事件的影响，这些影响因素会将周期拉长或缩短，同时短期趋势也会随之改变。这样的突然转折经常会以某个突然事件为节点而发生，使得短期交易者无法有效设防而造成小赚大赔的后果。在投资过程中，最重要的是要看到每种分析方法的缺陷，而不是优势。

长周期投资可以避开短周期投机的很多弊端。事实上长周期投资重“选时”，短周期投机重“选点”。频繁选点加大了其错误率，导致无法获取高额利润。长周期选时的正确率会更高，且利润率也会随着时间的延长而提高。

有些人为了提高短期投机的正确率，采用了各种资金管理方法，譬如逐步加减仓位法、不定额加减仓位法等。但短期投机的弊端却从未减少，反而只会增加难度。

重长周期的“选时”而轻短周期的“选点”，将为我们在股票投资中带来更多的机会，使我们获得长期稳定的收益。理解这其中的区别便是“知”，而此后“行”与“知”的一致将为成功投资打下基础。

2. 长期投资是赢家的“法宝”

任何投资能够大获成功，与长期正确的投资密不可分。股市中的短线投机变化无常，有的人对此嗤之以鼻，有的人对此颇感兴趣，可是一旦养成了投机的习惯，将对我们的投资行为产生不良的影响。频繁的短线交易是造成所有散户投资者亏损的重要原因之一。它的弊端有很多，除了心态理念上的缺失外，更为重要的是频繁投机导致盲目分析并错失良机。

然而，市场也需要流动性，而短期投机交易者在这里起了很大的作用，如果市场中全部都是长期投资者，那么市场也就没有什么流动性了。从这个意义上说，短期投机交易者的确创造了更多的市场流动性。但长期投资者的逐渐增多对市场形成稳定繁荣的趋势起到了重要的作用。在股票市场中，短期投机的交易者逐渐成长为理智的长期投资者的过程，会对市场的长期稳健向好更加有利。

在我看来，市场不应过分强调短期风险控制，而应强调“长期主动逐利、被动风控”。任何不合时宜的风险控制必被市场淘汰。比起短期风险控制，我们更需要主动坚持长期投资。

美国的 Voya Corporate Leaders Trust Fund（简称 VCLTF，交易代码：LEXCX）基金沉睡了 80 年，把 1 万美元变成了 3 159 万美元，80 年来的年均复合收益率高达 10.59%，远远跑赢了道·琼斯指数和标普 500 指数，可以说是当之无愧的最牛基金。图 3-2 显示了 VCLTF 基金与标普 500 指数和道·琼斯工业指数在 40 年中的走势。

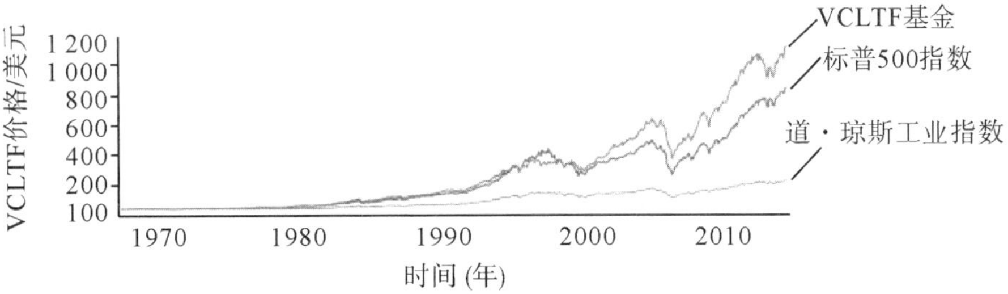

图 3-2　VCLTF 基金、标普 500 指数、道·琼斯工业指数走势图

VCLTF 成立于 1935 年美国大萧条时代，目睹了 80 多年的经济兴衰轮回。VCLTF 活了下来并且获得了让人瞩目的成绩。是什么原因使其成绩斐然呢?

①长期持有，拒绝频繁交易

VCLTF 的成功与其招股书中的一条重要契约有关。该契约规定在基金的存续期内，除非发生破产、并购等致使股利无法分配的情况，其他任何时候都不能出售基金成立时约定购买的 30 家公司的股票，也不可增持其他新公司的股票。正是这条特殊的契约成就了这只史上最“懒惰”，也是最成功的基金。

2013 年我国股票市场极度低迷，在 2014 年才稍显稳定并开始向上。由于人们的投资信心仍未恢复，股票市场充满了短期投机的行为，正是在那时我用自己的全部资金购买了股票。为了避免被市场噪音所扰乱，我刻意选择了将大部分时间放在其他工作中，在坚持关注与思考市场的同时不去翻看每日的股票行情，这种坚持长期持有的策略为我带来了超过百分之四百的收益。

②拥抱蓝筹绩优股，拒绝短期热门股

表 3-1 显示的是 VCLTF 目前持有的前十大重仓股，相信其中有很多股票都是大家耳熟能详的，比如日用品生产巨头宝洁公司、石油天然气生产巨头埃克森美孚、环保化工巨头杜邦公司，甚至还有巴菲特的伯克希尔·哈撒韦公司等。这些都是各个行业中的翘楚，是久经历史考验的蓝筹绩优股。

表 3-1 VCLTF 前十大重仓股

股票名称	代码	股票名称	代码
联合太平洋	UNP	宝洁	PG
伯克希尔·哈撒韦	BRK.A	霍尼韦尔	HON
埃克森美孚	XOM	马拉松石油	MRO
普莱克斯	PX	杜邦	DO
雪佛龙	CVX	维亚康姆	VIA

VCLTF 在 1935 年美国经济大萧条稍有好转的时候，就一次性等比例买入 30 家公司的蓝筹绩优股，并且坚持在之后的 80 年间基本不进行调仓。其创始人的眼光和魄力都不得不让人佩服。在赞叹之余，这种选择蓝筹绩优股作为长线选股的策略同样非常值得我们借鉴。

③A 股市场中能够沿用这一策略吗？

据数据统计，在我国股票市场中的长期投资者中，投资期限在 1~1.5 年的投资者平均回报率为 13.8%，投资期限超过 1.5 年的投资者平均回报高达 30.2%，后者是前者的 2.18 倍。由于我国股票市场建成不到 30 年，与国外成熟发达的资本市场相比有着明显区别。这个逐渐成熟起来的市场，将不可避免地面对更多更大的起伏与波折，但“重选时”的长周期投资会为我们带来更多的收益。高质量的企业对于市场的极端波动会表现得相对稳定，而这种稳定性会使市场参与者在面临市场困境时拥有更多信心，使市场转暖时股价迅速回归均值。优秀企业带来的这种相对的“安全性”将成为绝大多数长期投资者的首选。

但是，长期投资并不代表买入后始终持有。当市场情绪高涨时，也要做出适当的调整，但并不意味着频繁地交易，而是在控制风险水平的同时，长期坚持“反其道而行”的投资策略并尽可能保持耐心。

3. 律己是走向成功的关键

世界上最难赚到的钱就是股票交易的获利。在股票交易中赚到的钱是痛苦之财，人们先得到的是痛苦。股市中没有收支平衡，市场出现风险时尽量减少损失，市场对我们有利时尽量多地盈利。想要生存下去就要在失败时不气馁，胜利时保持谨慎清醒。股市里没有永远的成功，律己才应是时刻遵守的教条。

有一个关于鱼和狐狸的故事。一只饥饿的狐狸看到池塘中有一条鱼，想抓，但并不会游泳。于是，狐狸对鱼说：“在前面不远处有一个更大更好的池塘，那里有很多你的同伴。池水清澈见底，池塘周围还有很多漂亮的植物，简直就是天堂啊！”

“我为什么要相信你呢?”鱼反问道。

“相信我，我不会骗你的，顺便提一句，池中还有吃不完的小虫呢！”

鱼儿被这些虫子吸引住了：“听起来还真不错。但我怎样才能过去呢？我一生下来就生活在这里，根本没办法去到那个池塘。”

“如果你信任我，我可以把你放到我的嘴里带你过去，就像我平时带着自己的孩子一样。”狐狸继续说道，“我的嘴可从来不会伤害自己的孩子，我向你发誓，我绝对伤害不到你的。”

狐狸的描述对鱼儿产生了巨大的诱惑，它开始相信狐狸，并同意了狐狸的提议。

狐狸俯下身，把鱼衔到了嘴里。鱼儿感激地说了声“谢谢”，而就在此时，鱼儿感到了一种刺骨的疼痛，它意识到自己即将死去，便问狐狸：“你向我发过誓，为什么还要吃掉我?”

狐狸答道：“噢，这是我的天性啊。”

就像鱼和狐狸的故事一样，我们人类也是带着与生俱来的本性和特点来到这个世界上的。尽管我们会试着控制自己的本性来躲避对我们不利的事情，但即使这样，当我们面对金钱时，仍然难以控制欲望，就像鱼儿只想到了漂亮的池塘和肥美的虫子，却忘掉了危险。人类常常会因为非理性的判断而鲁莽行事。

4. 不断进化是投资市场的本质

尽管中国股市创立时间不长，但这短短的二十余年却浓缩了西方资本市场长达数百年的发展轨迹。

如今，中国资本市场的规模并不逊色，可是与西方投资者的成熟淡定形成鲜明对照的是，我们大多数投资者的投资认知还停留在较为初级的阶段：赌性太足、贪念太多、恐惧常在。我们可以通过西方投资者的进化史，来了解我们的投资者目前所处的认知阶段。

西方股票投资的思想史，大致经历了六次重大变革。

①1790 年美国证券交易所成立以来，人们认为股市就是赌场。查尔斯·道则肯定了“理性的投机”，强调投机者在股票价格、商业预测和资本分配中的决定性影响，抨击了“股市赌场论”“股市完全操纵论”的教条。

②埃德加·史密斯提出了“股票是长期投资的最好工具”的理念和“股票价值决定其未来收益”的重要思想，认为购买股票是风险极大的投机。

③格雷厄姆和威廉姆斯分别提出了价值投资理论和西方证券投资理论。格雷厄姆提出了股票内在价值概念，强调内在价值是指一种事实，有别于受到人为操纵和心理干扰的市场价格。而威廉姆斯的投资价值理论则规范了企业价值的范式。

④哈里·马克威茨等人认为分散投资可以降低投资风险。马克威茨的 CAPM 资本资产定价模型、威廉·夏普的夏普定律等则建立了风险和收益的数量关系，提出了组合管理、资产选择和资产配置的方法。

⑤乔治·索罗斯提出反身性投资理论，强调金融市场参与者的认知缺陷是与生俱来的。金融市场的参与者不仅在错误的基础上操作，而且其偏斜本身也对事态的进程产生影响，过度反应、趋势共振和盛

衰循环成了金融市场的常态。金融投资研究重新转回到最初的讨论，即对人性的研究，不再假定投资者是“理性人”，而以“行为人”为假定基础，表明了投资者对自身行为特点认识的突破。

⑥以普林斯顿大学的丹尼尔·卡尼曼为代表的行为金融学家们的大量研究证明：行为风险是投资者最严重的风险。行为风险的危害远远大于系统风险和非系统风险所带来的危害。他通过理论和实践证明了“投资者是非理性”的。

可以说西方的思想变革消除了具有赌性、贪婪和恐惧的金融投资行为。西方投资者的投资目标从“绝对回报”到“风险调整后的收益”，到“资产配置”，再到“了解自己的行为本质”，是一个漫长的循序渐进的过程。

需要明白的是，尽管投资者不断改变自己去适应股市的变化，但似乎始终处于后知后觉的被动状态。股市是一片充满未知和危险的丛林，而我们是身处其中、需要不停进化的生物。

5. 建立“框架”跨越人性的弱点

投资者很难适应股票市场的变化，理论上打破这种尴尬的局面有两种方式。一种方式是积极改变自己的理念，尽量适应市场的变化。这需要我们投入很多精力。第二种方式就是通过自省来建立属于自己的框架。我们不需要在框架外去寻找，只需要把主动进入这个框架的投资处理得漂亮。

比如，我在多年的投资实践中深知市场存在的“均值回归”现象，因此我所建立的投资“框架”便是符合“均值回归”这一特性的。在建立股票池时，通常会着重选择市场大跌后“问题”行业中的股票，并围绕有可能出现的“均值回归”来对股票进行跟踪筛选。符合“均值回归”条件的股票便成为我的基本“框架”，而对于这个“框架”以外的各种投资机会我不再多加关注，也不会纠结于市场中流行的股票是否还会涨得更高，只是将自己“框架”中的各种条件组建完善，并耐心等待合适的股票进入。这个“框架”的建立基于每个人的理论、经验和对市场的不同理解。

在投资世界中，擅自闯入自己不熟悉的领域是很危险的。著名投资大师乔伊·格林布雷曾说过：“买股票但不知道究竟买了什么，就如同手持火把穿过一个炸药工厂，你可能活下来，但是你仍然是个傻子。”

建立起属于自己的具有稳定性、可重复性、可持续性的框架，拒绝急功近利、盲人摸象式的非理性投资才是正确的。对于成功的长期投资而言，持续不犯大的错误是非常重要的。坚持不去触碰对我们不利的领域也是人生的大智慧，我很欣赏李嘉诚先生的座右铭“知止而后为”。

6. 杜绝一切容易导致不良结果的投资习惯

有这么一个故事，森林里有只老狮子，它已经不能再凭借自己的力量猎取食物了。狮子想，或许用装病的办法能活下去。于是它找了一个山洞，钻了进去，躺在地上。其他小动物经过时看到狮子很虚弱，似乎并没有威胁性，便走进去休息，不料都被狮子吃掉了。狐狸发现森林里的小动物越来越少，心里十分疑惑，当它发现小动物们都是在狮子藏身的山洞里消失的时候，心里便起了疑虑。

狐狸来到狮子藏身的山洞，远远地站在洞口外，向狮子喊道："狮子大王，最近您的身体可好？"

狮子听见狐狸来了，心想又能美餐一顿了，便有气无力地答道："我身体很不好，可能快死了，狐狸兄弟，你进来看看我吧。"

狐狸慢慢地说道："狮子大王，如果我没发现只有进去的脚印而没有走出来的脚印的话，我一定会进去看您的，但是，现在我得走了。"

在投资市场中，贪欲或侥幸心理让我们付出了很多沉重的代价。如果我们能牢记前车之鉴，不再跨越雷池半步，便可以规避大部分的风险，成功的投资将距离我们更近。

股市中，在大多数个人投资者都盈利的时候，行情的上升走势往往就会终止；而当大多数投资者亏损时，往往才是市场的新起点。在任何市场交易中，大多数个人投资都会失败。下面我们就来看看造成投资者亏损的原因吧。

①失去理性的恶性循环

大部分渴望盈利的投资者在股票价格上升时会变得患得患失，而在股票价格下跌时又会因为出现的损失而后悔负疚。

这源于他们不正确的心理预期，也就是他们性格中不坚定的部分。在这种情况下，他们的行为只会让他们产生负面的情绪，如担心、恐惧、沮丧、失去自信，最终导致投资失败。

短期交易者通常会在一段时期频繁地高买低卖。我们需要考虑目前的市场是否处于趋势确立前的震荡期。这里有个方法不妨尝试一下：

当你发现近期内重复出现交易失误时，说明你已经进入封闭式的恶性循环之中了。此时必须停止交易，等待市场的趋势逐渐形成，并在开始新的交易之前为自己制定尽量具体的投资策略。这种做法可以主动打破交易中的恶性循环。如果我们制订了长周期的投资计划，就需要更多的耐心来验证趋势。

人们还经常在交易中受到之前交易结果的影响，使得自己在新一轮的交易中无法保持轻松的状态。其实新的交易与过去没有任何关系，无须给自己太大压力。

②市场中不存在“交易真理”

个人交易者通常容易相信小道消息和所谓专家的投资建议，误以为损失是由不清楚交易秘诀和没有听从指导所致，因此陷入失败的恶性循环。

市场上充斥着花样繁多的骗术，有些甚至可笑至极。我曾经见过有人利用易经占卜来指导投资者交易及新股申购的时机选择，并大肆鼓吹过往的业绩，将其编程软件高价售卖给许多个人交易者。那些被迷惑的投资者深信其获利技巧，兴高采烈。但在一段时间后，他们开始醒悟，并尝到了愚昧行为带来的苦果。

即使有经验丰富的人给你推荐百分之百会上涨的潜力股，但因你的经验不足，对所推荐股票不了解，无法掌控买入时间、出局时点，且不具备处理突发情况的能力，最终也会导致投资失败，正像安德烈·科斯托拉尼那句经典的话：“病人不是死于疾病，而是死于别人给他们吃下的药。”

股票投资的世界中没有绝对的“真理”，一定要具体问题具体分析。如果股票市场中有一种技术或理论能够解决交易中出现的亏损问题，那市场中就永远没有失败者了。

③“会学”而不“会用”

对于股票市场中的投资者来说，学习股票投资的各种理论是必要的，但是无论哪种投资理论或技术分析都有其不足的地方，投资者对其盲目相信是导致失败的一个重要因素，只有谨慎才能够确保投资安全。

股票市场中流行的“艾略特波浪理论”虽然对股价上涨和下跌的形态描述很贴近现实情况，但却没有给予关于波浪形态发展的时间长短的测量方法，这关乎投资分析的成败。因此，投资者依此方法分析股票走势时往往会后知后觉。此理论让人们似乎在任何时候都能看到股价即将发生变化的可能性，但却频繁地出现错误。

“海龟交易法”曾经风靡一时，这个交易法的创始人是为了证明任何投资者均能利用一套简单、机械、高效的交易方法长期盈利。虽然这种方法使一些人获得了成功，但仍存在许多疑点，比如交易员在进行长期机械简单的交易时，是否不会被个人情绪所影响？当影响交易员心理情绪的状况发生时，交易也会或多或少地被影响，这无疑会对“海龟交易员”的盈利造成重大影响。

在进行“海龟交易”实验期间（1984—1988 年），美国股票处于上升期，即便经历了 1987 年下半年的大幅下跌，仍有可观的涨幅。同期，国际商品市场的行情也有不错的表现。我们知道，投资市场的环境对投资收益会产生重要影响，即使不擅长投资的人在市场环境大好时也有大幅盈利的可能性。基于此，“海龟交易法”在其他表现不好的市场中就很可能造成完全不同的收益结果。

如果投资者对“海龟交易法”盲目地痴迷且未做出谨慎分析，就很可能因盲目投资而造成损失。

在投资市场中，我们还需要谨慎地对信息进行解读。分析信息是否有效有时并不在于信息的好坏，而在于市场环境的影响。客观来说，投资者的理解能力会受到投资市场环境的干扰。现实中常会出现股票的上涨使市场投资者对利好消息过分解读并忽视不利因素的情况。因此，拥有经验的投资者会明白不是消息产生了股价，而是股价产生了消息。

经历才能产生经验。一个成功的投资者可以忽视市场时刻发生的变化，但应该理解背后的原因，即使已经成为所谓的“专业投资者”，但不会思考就不会在市场交易中取得长期成功。“会学”与“会用”大不相同，因此，我们不能成为信息的“存储器”，而要深挖这些理论分析方法所存在的缺陷，对所获得的知识进行理性应用。

④急于求成的暴富心理

急于求成是投资市场中的大忌，它会导致我们对隐藏的风险视而不见，或者把风险放大到无法控制的地步。利用超额杠杆资金投机股票就是一个典型的例子。

并不是说没有因杠杆投机而取得成功的人，而是在他们通过大量杠杆资金盈利后，却因无法承受情况突变而遭受成倍损失。这些投机者偶尔通过放大杠杆资金而盈利，巨大的诱惑加强了投机者对杠杆资金的依赖。为了满足更大的收益需求，杠杆比例常会被调整，而对盈利的盲目性超过了对资金风险管理的控制力。当风险逐步增大并出现投资失利时，损失的程度往往惊人，即便是多次成功的投机也禁不住偶尔几次难以控制的失败所造成的巨大损失，而这注定了杠杆投机的盈利只是过程而不是最终结果。

这种利用超比例杠杆资金投资的方式是极端的，会使我们在市场波动时缺乏耐心和信心，因为我们无法预测短期市场的波动是否会极端演化，杠杆资金在这方面有着天然的劣势。

避免急于求成的投资心理，会对投资中主动增加风险的行为进行有效的控制，树立正确的财富观会增加投资的乐趣。

⑤分辨运气与能力

在投资市场中，我们要学会分清自己的成功靠的是运气还是能力，只有了解自己成功的真正原因，才不会被随机性愚弄。

投资者在投资股票的过程中，会发现自己往往受到了运气的影响。当买入某只股票后，第二天市场公布了这只股票的突发利好消息，随之股票价格大涨；当股票市场整体大跌或这只股票突发利空消息，这只股票就会出现大幅下跌。这些突然发生的情况都处于你的预期之外。在投资中，运气的作用随处可见，而投资者能否分辨运气与能力，与投资者对所买股票的企业是否有深入的了解有重要的关系。有些人对自己所买股票的企业根本不了解，甚至连其所处行业都不知道，即使他们买入的股票价格上涨，也仅仅是运气好而已。

2014 年 8 月，股票市场强劲向好，我的一位投资者朋友在买入股票“博元投资”后向我询问意见。我了解到，这家公司由于实现盈利“ST”被摘帽，但却因涉嫌信息披露违法违规于 2014 年 6 月 17 日被广东证监局立案调查。但我认为此公司可能不仅存在这一问题，也许还有更严重的违法行为，因此建议朋友不要持有此股，并告诉了他我的顾虑。但之后几天，这只股票的大幅上涨使他仍旧信心满满，并告诉我这只股票正是“利空出尽皆利好”的典型。

2014 年 12 月 9 日，博元投资收到了证监会的处罚决定书，因存在财务造假及信息披露违法违规，将被退市。此时，我的那位朋友已经在这只股票中亏损了 50%，“好运”不再。

投资者因能力而盈利则完全不同。投资者想要了解一家企业，首先要了解这家企业所面临的风险，在此基础上才能充分准备。对投资风险的解读和风险控制下的投资行为属于投资者的投资能力，这与运气式投资完全不同，即使在投资过程中突发不可测因素，投资者也能做出理性的应对。

⑥投机者只关注眼前的得失

长期投资者能够促进市场长期向好的趋势，他们长期持有公司股票，与公司的成长方向相一致。他们可能是公司的所有者、股东、看好公司未来前景的机构投资者或个人投资者，无论市场环境好与坏，他们始终默默地持有公司的股票。

当市场交投逐渐活跃，投机者开始参与进来。那些短视投机者只是想在市场活跃时高抛低吸地趁机捞一把，任何风吹草动都会让他们停止“进食”，四散逃去。当市场行情更加向好时，参与进来的短视投机者也会变得越来越多，他们共同将市场推向新高度直至出现泡沫，当市场见顶回落时他们便成了助推的动力。投机造成了疯狂的抛售，也造成了市场大幅度的下跌和投资者们的恐慌，因此市场再度经历低迷。随着市场中长期持有者数量的增加，市场的底部逐渐抬高，一段时间后，市场趋势也会开始向好，而在这期间，短视投机者历次追涨杀跌的参与并没有使他们获得好处。我们可以认为长期持有者才是市场大趋势的真正制造者，而只关注眼前得失的投机者们却只是围绕这个大趋势短暂活跃。

在投资股票组合时，大多数投资者习惯卖掉上涨的股票，而继续持有下跌的股票。不愿意卖出亏损的股票是因为他们不能接受损失。事实上，卖掉有可能进一步亏损的股票，会提高整体股票组合的盈利水平；而卖掉盈利股票保留亏损股票，却会提高整体股票组合亏损的概率。因此，在投资中目光短浅、只关注当前得失是百无一利的。

⑦自认为的“安全性”

当投资者任职于某家上市公司时，会更加信任这家公司，并买入这家公司的股票，这便是他们自认为的“安全性”。美国曾经有个庞大的安然公司，在2000年时因为大量的财务造假而破产。在破产清算时，人们发现公司员工百分之六十五的退休金都被自愿投资到本公司的股票中，也就是说这个公司的退休金大部分都放在了公司员工自认为安全的环境中。投资者自认为对公司的了解导致了错误的投资决策。

事实上，即使长期任职于某家企业，也不能代表你理解了企业内部的复杂性。当企业的情况处于我们认知的“能力圈”（指专业技能所达到的程度）范围之内时，投资才具备了基本的安全性。

投资股票时，我们在培养自己能力的同时，要相对缩小“能力圈”的范围，学会对自己的能力做减法，会让我们更加理性地认识投资的复杂性。

7. 简单优于复杂

在对股票投资、行业及其他事件进行分析时，越是简单越能提高正确性。

在投资中，我们常会根据所得到的各种信息推测出看似有条理的投资逻辑，但这不一定就是最合理的。过多信息的干扰导致了过多复杂的推测，稍有偏差就会导致完全不同的结果，只有基于确定因素的分析才能够保证判断的正确性。确定性因素能够为我们带来现实的预期，有时候情况越是简单，对我们的帮助越大。为了让读者体会这种可能性，我们来看看下面的表述：

下面两个表述中，你认为哪个可能性更大？

①花园中有花；花园中有红色的花。

②股票市场会出现某个板块的反弹行情；股票市场的反弹行情会出现在纺织板块中。

大多数人都会对这类问题有清晰的判断。花园中有花的可能性远大于有红色的花；纺织板块股票的反弹概率会远小于股票市场中任意板块出现的反弹行情。之所以我们能够清楚地辨别其中的逻辑，是因为这些可能性只是概率的不同，并不具备前提的因素，因此，并不会造成我们的判断失误。但在现实的投资分析中，我们往往会根据前提事件进行推测分析，这种思考模式会导致我们在逻辑判断上出现失误。如果我们把上述两组陈述加上一些前提，结果将大为不同：

①花园师傅在花园中种满了玫瑰花。

②纺织行业股票在前两次都出现了大幅反弹的行情。

这些前提的加入将会完全改变分析结果，我们会认为红色的玫瑰花是最常见到的，当花园中洒满了玫瑰花种子时，红色的花一定是最可能出现的；而已经出现了两次的纺织股票大幅反弹行情更可能还会有第三次。逻辑的改变是因为前提因素造成的干扰。事实上，前提事件与结果往往毫不相关，这些明显的前提事件会让我们忽略掉其他重要因素，而将注意力集中在错误的连贯性之上。简单是得出正确分析结论的基础，包含假设的因素越多，判断失误的可能性越大。当我们把目光放回简单的基础概率（如相信花园中各种颜色的花都有可能出现；股票市场的反弹行情也有可能在其他板块中出现）上时，我们将减少出现极端错误的情况。

第四章

勤俭的力量

每位投资者都希望有朝一日能取得成就。专业投资者除了需要优秀的专业能力和心理素质，更需要强大的自我约束力。自我约束力是对物质欲望的减少、对骄傲自满的拒绝和对理想事业的执着。要想达到这种人生高度，勤俭的生活态度必不可少。

对于投资者而言，勤俭能够让投资者将精力集中在自己所热爱的事业上，而不是沉迷于对物质的追求和享受。

勤俭也是竞争力。勤俭的精神能够使你在面对困难与挫折时保持一贯的进取心，有效屏蔽自身的脆弱性。事实上，大多数成功人士懂得如何更好地利用金钱，这也是一种快乐。

节俭高效的生活与工作观有利于达到投资的复利效应，让我们获得丰厚的投资回报。投资者养成勤俭的习惯，就能拥有更多的耐心与自制力来适应股票市场的千变万化。

勤俭的企业家是拥有足够自制力的领导者，他们会停止浪费时间与精力，这大大增加了企业在管理运作中的务实性，提高了企业的竞争力。认识到这一点，对于投资者如何选择企业有着重要的意义。

一、勤俭养志利投资

想要成为出类拔萃的专业投资者，就要拥有大多数人不具备的人生品质，以苦为乐，以志为趣，以勤俭的作风修身养性。投资者不能淡泊物欲就不会树立远大的理想，没有内心的宁静就无法让志向远大。

奢侈就像毒品，既使人兴奋又使人衰弱。古往今来，无数的伟人、商界泰斗、投资大师们都崇尚勤俭，他们不是因成功才变得勤俭，而是因勤俭而取得成功。拒绝奢侈是一种人生态度，更是一种人生智慧。始终保持谦虚谨慎的心态，能让我们把目光放到更远的地方。

勤俭的人生态度是艰苦创业和奋发向上的优良品质。很难想象，一个挥金如土、贪图享受的人，将来能成为某一领域的栋梁之材。习惯奢侈享受的人对金钱更加敏感，在面对股票市场上的诱惑及恐慌时，就会更在意眼前的得失。这种人可能会抱着一夜致富的心态进入股市，在这种投资心态的驱使下，频繁操作，追涨杀跌便是他们投资的常态，后果不堪设想。

在不断变化的股票市场中，勤劳让我们不断努力和行动，积极对市场进行研究分析，时刻警惕市场中可能发生的各种变化。被动地投资方式将使我们无意识地陷入“沉没成本”之中。勤劳能够有效减少“沉没成本”，懒惰则会主动为自己制造“沉没成本”。

二、专注力和勤俭总相伴

“珍惜时间，时间要花在做有用的事情上，力戒无意义的举动。”

专业投资者能够投入大量时间和精力来研究投资，想要成为专业投资者就要培养专注力并忍受其中的痛苦和寂寞。勤俭的习惯会使我们舍去浮华的人生享受，踏实专注地为理想事业而奋斗。如果投资者在追求成功的道路上没有投入极大的专注力，将会举步维艰，难以成功。

沃伦·巴菲特年轻时对投资产生兴趣并开始研究股票。他用几个月的时间阅读了一个世纪的报纸，了解商业循环的模式、资本主义的历史、现代公司的历史等。他专注于自己的所爱，生活却一直很简朴，勤俭的生活习惯让他将更多精力投入自己认为更加有意义的事情上。他的座驾是辆老式汽车，而车牌上是大写的“thrifty”（节俭）。巴菲特从未将奢侈的享受带入他的生活中，他称自己的生活花销从不会超过自己所赚取财富的1%。很难想象这位掌管着世界上最大投资公司、拥有千亿财富的超级富豪在现实生活中却是如此低调。他几乎用了全部的精力来关注自己所热爱的投资事业，这种专注的精神为他带来了无限的乐趣和巨大的成功，而生活中勤俭的习惯便是重要前提。

在这个竞争激烈的投资市场中，培养基于勤俭精神的专注力来学习研究投资知识是专业投资者的优势和能力。专注力的形成总是与勤俭的生活作风相伴，如果投资者越多摒弃对投资无益的习惯，便会越少出现对我们投资事业不利的局面。

三、勤俭的威力——复利效应

日本有位著名的投资人，他的经历让我大为感叹。他出生在一个贫寒的家庭，为了改变自己的命运而坚持努力学习，最后在大学里谋得一职，但工资并不高。即便结婚后，他的状况依然没有改变太多。但因从小勤俭，他将工资积攒成了一大笔资金。当时正逢第二次世界大战后社会经济大萧条时期，加之日本是个自然资源匮乏的国家，严重的通货紧缩导致所有资产价值大打折扣，但却无人问津。而他却在别人最捉襟见肘的时候，用多年积攒的工资以当时超低的价格买下了一大片林场。在日本经济复苏后，他获得了人生中的第一桶金，走出了事业成功的关键一步。

普通投资者并没有丰厚的资本，勤俭的生活习惯能为我们攒下初始的投资资金，而我们要做的就是把自己拥有的小资金像种子一样呵护起来，当投资机会出现时，将它播种并耐心地等待收获。如果说人生机遇是“1”，那么资本就是它的倍数，没有资本的机遇是一场空，而不勤俭的人生将很难获得这样的成功。

独到的投资理念及良好的勤俭习惯将更有可能实现投资资金的复利。

从理论上讲，我们将一张足够大且厚度仅为 0.1 毫米的纸对折叠 5 次后，其厚度将与一本普通教科书的厚度相近。如果折叠 23 次，其厚度已经达到了 1 000 米；当折叠次数达到 30 次时，此时的厚度将会达到 10 万米；在折叠了 51 次后，它的厚度将超过地球与太阳的距离，这就是“复利效应”。

巴菲特在 30 岁之前靠投资获得的年平均复利是 20. 5%，20 年之后随着其稳定的投资收益，其资金的复利效应呈现爆炸式增长。他认为自己一生中 99%的财富都是来自 50 岁之后的投资。

他的惊人成就除了来自复利外，还归功于他节俭的习惯。如按照其年平均 20%的收益套用复利公式来计算的话，他在 30 岁时如果浪费了 1 万美元，到 50 岁时他的损失便是 383 376 美元，而到他 70 岁时因此遭受的损失将达到惊人的 14 697 716 美元。以此类推，在巴菲特 90 岁时，他为了 60 年前的生活享受所多支付的 1 万美元将带来如今 563 000 000 美元的损失。

$$Y(\text{投资收益}) = x(1 + r)^n$$

（其中：x 为本金；r 为回报率；n 为时间）

资产的长期复利效应是靠平均年收益积累所得的。股票市场中的年收益很难做到平均化，甚至在某些年里收益会为负。现实中投资股票的收益会表现得更加复杂，但我们仍可以看出影响复利收益的核心因素除了方法和时间外，更重要的就是对资金的完整保存了，而能够完整保存资金的方式就是勤俭的生活态度。试想一下，如果一位出色的投资者在牛市刚到来时花费了大把金钱追求物质享受，那么在牛市继续向好的日子里他潜在的损失将会是非常巨大的。勤俭的习惯将使种子资金完整地保存下来，使投资者感受到投资资金不断升值的喜悦。

投资股票的方法有很多，投资者缺乏的是耐心。耐心是一种人生观，勤俭自律和正视财富的人生观会增强投资的耐心，使投资者拥有在股市的漫漫长路中获取复利收益的可能性。

与短期投机一样会对投资者造成威胁的就是没有勤俭的态度。不勤俭，即使在投资中做得再优秀，也会使资金无法实现复利增长。及早树立正确勤俭的财富观并提前规划投资事业，会给予投资者非凡的力量。

我很小便拥有了勤奋节俭的人生观，很少会追求物质享乐，这使我在面对物质欲望时能更好地把控自己，而将自己的精力更多地用在热爱的投资事业中。勤俭的生活态度帮助我轻松地渡过了股票市场熊市的寒冷时期，而在牛市中耐心地坚守，扩大投资成果。

四、勤俭的企业精神更有竞争力

勤俭的精神不仅是我们需要培养的人生态度，也是我们评估他人的标准之一。

一个企业的领导者，如果在企业日常经营中始终保持勤俭的作风，这代表他对企业的成本控制非常重视，他的企业在市场竞争中也会做得更好，因为企业的盈利常常是建立在低廉的运营成本之上的。

沃伦·巴菲特将这一观点切实运用在了选择投资企业的标准中。

在美国的奥马哈城有这样一家家具公司，它的创始人是一位在第二次世界大战期间因逃难来到奥马哈，名叫罗斯·格列利克·布鲁姆金的犹太女人。从小的贫困生活造就了她坚韧不拔和勤劳俭朴的性格。她从当铺做起，之后逐渐扩大经营范围并创办了内布拉斯加家具商店。凭借勤俭的作风，她合理大幅地降低了销售成本，大幅扩大了市场份额。在她去世后，她的子女继承了她的事业以及勤俭、坚强的精神。

不断壮大的公司吸引了许多公司收购的目光，最终如愿以偿的是巴菲特的伯克希尔公司。巴菲特崇尚的正是这种勤俭精神为企业带来的强大市场竞争力。这个收购为巴菲特带来了每年超过 1 500 万美元的利润。

勤俭是投资中重要的价值观，不具备勤俭德行的投资将很难具备持续的竞争力。对于成长中的企业来说，企业管理者挥霍掉的每一分钱，都将导致企业在未来的利润成倍减少。而勤俭带来的增值效应是每个优秀企业不可缺少的，对企业来说如此，对专业投资者们来说同样如此。

参考文献

司马迁，2016. 史记：货殖列传［M］. 北京：北京联合出版公司.

班固，2007. 汉书：货殖传［M］. 北京：中华书局.

佚名，2015. 易经［M］. 北京：北京联合出版公司.

孙武，2015. 孙子兵法［M］. 北京：北京联合出版公司.

刘安，2016. 淮南子：俶真训［M］. 上海：上海古籍出版社.

老子，2018. 道德经［M］. 北京：北京联合出版公司.

朱明忠，赵岗，2012. 中国股权投资基金发展新论［M］. 北京：中国发展出版社.

林奇，2007. 彼得·林奇的成功投资［M］. 刘建位，徐晓杰，译. 北京：机械工业出版社.

科斯托拉尼，2015. 一个大投机家的告白［M］. 林琼娟，译. 重庆：重庆出版社.

卡拉普赖斯，2017. 新爱因斯坦语录［M］. 范岱年，译. 上海：上海科技教育出版社.

尼尔，2001. 逆向思考的艺术［M］. 丁圣元，译. 海口：海南出版社.

马克斯，2015. 投资最重要的事［M］. 李莉，石继志，译. 北京：中信出版社.

金德尔伯格，2017. 疯狂、惊恐和崩溃：金融危机史［M］. 朱隽，叶翔，李伟杰，译. 北京：中国金融出版社.

达什，2015. 郁金香热［M］. 冯璇，译. 北京：社会科学文献出版社.

野口悠纪雄，2013. 日本的反省：悬崖边上的经济［M］. 马奈，裴琛，译. 北京：东方出版社.

斯蒂恩博格，2013. 投资交易心理分析［M］. 郑磊，刘子未，郑扬洋，译. 北京：机械工业出版社.

格雷厄姆，2016. 聪明的投资者［M］. 王中华，黄一义，译. 北京：人民邮电出版社.

王洪波，宋国良，2003. 资本的陷阱［M］. 北京：经济管理出版社.

约翰逊，2017. 从自然到使然：心理成熟背后的大脑机制［M］. 徐芬，译. 北京：北京师范大学出版社.

哈格斯特朗，2015. 查理·芒格的智慧——投资的格栅理论［M］. 郑磊，袁婷婷，贾宏杰，译. 北京：机械工业出版社.

塔勒布，2011. 黑天鹅［M］. 万宁，刘丹，译. 北京：中信出版社.

塔勒布，2014. 反脆弱：从不确定中获益［M］. 雨珂，译. 北京：中信出版社.

林奇，2007. 彼得·林奇的成功投资［M］. 刘建位，徐晓杰，译. 北京：机械工业出版社.

斯蒂恩博格，2004. 重塑证券交易心理［M］. 王云霞，郭晓飞，译. 北京：清华大学出版社.

纽伯格，2016. 忠告：来自94年的投资生涯［M］. 王维群，译. 上海：上海财经大学出版社.

星云大师，2009. 舍得：星云大师的人生经营课［M］. 南京：江苏文艺出版社.

塞妮亚，2015. 塔木德［M］. 上海：上海三联书店.

陈寿，2015. 三国志［M］. 北京：中国文联出版社.

洪应明，2016. 菜根谭［M］. 北京：中华书局.

范晔，2012. 后汉书［M］. 北京：中华书局.

郑月玲，2008. 巴菲特投资语录［M］. 北京：人民邮电出版社.

度阴山，2014. 知行合一王阳明（1472—1529）［M］. 北京：北京联合出版社.

格林布拉特，2011. 股市天才：发现股市利润的秘密隐藏之地［M］. 王正林，肖静，王权，译. 北京：中国青年出版社.

科斯托拉尼，2015. 大投机家［M］. 何宁，译. 海口：海南出版社.

富兰克林，2015. 富兰克林自传［M］. 蒲隆，译. 南京：译林出版社.

复利计算公式［EB/OL］.（2019-01-01）［2019-07-04］. https://wenku.baidu.com/view/9d5affbb9fc3d5bbfd0a79563c1ec5da50e2d68d.html?

from = search.

施罗德，2017. 滚雪球：巴菲特和他的财富人生［M］. 覃扬眉，丁颖颖，等译. 北京：中信出版社.

对外经贸大学出版社，2015. 博鳌亚洲论坛亚洲经济一体化进程 2015 年度报告［M］. 北京：对外经贸大学出版社.

洋流. 数据给你一个真中国，崛起还是衰退？附多国对比资料［EB/OL］.（2016 - 11 - 09）［2019 - 8 - 20］. https://www.sohu.com/a/118570766_467789.

附录
与朋友谈股票投资

朋友：我很想知道，你认为的股票投资本质应该是什么？我认为股票投资最应该有的就是耐心，是等待和耐心。

我：是的，这是能够获取超额收益的关键。但投资的其他要素也同样不能缺少。比如，投资的综合能力、交易的心理素质和市场的环境因素等。

朋友：这些投资要素以什么样的顺序体现呢？

我：你可以回忆一次成功的投资所包含的过程。首先，判断市场环境时需要清醒，因为即使最棒的交易者在市场大环境不利的情况下也很难赚到钱；反过来说，即使最差的交易者在市场环境有利的时候也能轻松赚到钱。所以对于市场环境的认识可以说是进入市场开始投资的基础。

朋友：是的，某些时候投资的市场环境比能力更重要。

我：没错。但投资能力才是你能控制的东西，而市场环境你并不能控制。在这之后你就要利用好的方法寻找有潜力的公司了，它并不一定是业绩优良稳定的企业，这个“潜力”可以表现在很多方面。比如虽然目前遭遇不利，但市场竞争力仍然强劲的企业，管理层对股东负责的企业等。特别注意要谨慎选择那些热门的行业和公司。有时候，之所以一些投资者会买入市场中“流行”的股票是因为他们把“热门”和“潜力”的概念搞混了，如果分不清这两个词的意义，他们的投资就会遇到麻烦。

朋友：是的，热门股的确会经常让人失望。

我：对于拥有“潜力”的公司每个人都会有自己的理解，并且道理都讲得通，但通常大多数投资者自己满意的投资却很少。所以我认为，投资更多的是艺术行为而不是技术行为。当你有幸选择并买入具有潜力的公司股票后，就开始必要的耐心持有过程了。这个过程会很痛苦，当你遭遇股价的波动、不利消息造成的心理波动时，能够使你忍受痛苦煎熬都来源于你对这家公司股票的信心。自信心却受你在之前分析这家企业的方式方法的影响，这正来源于你的能力。并且在这个过程中最痛苦的应该是某一时期其他股票强劲的上涨而自己手中股票却表现不佳，这对信心的打击不可小视。

朋友：您的意思是说能够长期投资的耐心来源于能力给予的自信心？

我：没错！在市场投资过程中，自作聪明的人实在太多了，这些人往往会想象着既能长期跟进某只股票，又能同时博取其中短期波动的差额利润。这样做的后果只有一种，即丢了西瓜捡芝麻。

假如我们已经在市场环境有利的情况下依靠能力选择到有潜力的企业股票进行长期投资，那么未来退出市场的时机就成了你收获利润的关键了。

这些基本上是一个成功投资过程中必要的因素：市场环境、自我能力、心理素质以及风险控制。投资过程中的每个环节都要做到正确，投资中常有“差之毫厘，谬以千里”的事情发生。

朋友：是的，这个很关键，即便优秀的投资者也很难做到。

我：所以我认为，投资才是世界上最难赚钱的职业。

朋友：出场的问题，我还没想好。

我：出场是最终环节，毕竟所有的买入都是为了卖出。

朋友：是的，那么赚钱之后卖出都是对的吗?

我：人人都在考虑卖出的问题，这个问题要从另一个角度来看。如果你在所有交易中赔掉的钱比赚到的钱更多，那也就意味着你在交易赚钱时少赚了该赚的钱。

朋友：是的，这个就很难了。

我：所以很难抉择赚了钱是否该卖出，我认为这不是学问，这属于艺术范畴。

朋友：那怎么抉择？想不明白要继续想吗?

我：思考问题的方式对了，问题自然会有答案。这里更多的是需要悟性、对交易的敏感性，交易心理学也许对其更有帮助。这与巴菲特在中石油上市后的选择类似。

朋友：能说的再具体一些吗?

我：巴菲特在中石油上市后，立即将其股票抛售掉，为什么呢?我认为是因为他心里的标准正确，我说的标准正确不是指他对价位的正确判断，因为股票的价位是在所有因素的综合影响下产生的，常常偏离真实，要么更高，要么更低，无法预测。从这点来说，股票的价格是虚空的，用这个虚空的表现来进行交易判断一定不会靠谱。

而心中有正确的标准则不同，因为标准才可以衡量出市场是否出现了偏离，心中有杆秤才能“测量”出市场交易的质量，我说的“测量”更像是“感悟”的意思吧。

朋友：出现这些细微的变化是关键，估计就是你说的经验了。那么，有哪些细微的变化需要引起注意呢？

我：实在很多！这样讲吧，如果某个人能把这些细节说得很具体，那就不是直觉了，对待这个问题是要有些艺术感的。万般神通皆小技，只有空空是大道。

朋友：听起来的确很深奥。

我：我理解的“空空”意思是不拘于形式、形态……没有具体的形式样貌。重要的是自己心中那杆秤，如果有正确的感悟力，难道还怕看不到别人的错误吗？所以关键在于自身的问题，而不是自身之外。时间和过程的确能培养出经验，但自己得到的经验不一定就是正确的。

朋友：没错，经验不一定是正确的。

我：即使你拥有了许多经验，也要知道世界上没有可以适用所有情况的经验，每种经验只在特定的时间段或状况下才会显得更有价值，并且要明白在投资的世界中新遇到的问题会比能学到的经验更多，在问题没出现之前便能领悟到会比已有的经验更有价值。

朋友：这个很难，一种能力，一种举一反三的能力。

我：我认为对于学识，可以用难与不难来界定，但对于投资的艺术感就很难用难与不难来说明。比如，会拉小提琴的人很多，但不是每个人都能成为小提琴艺术家。这也从艺术家与科学家的区别中可以看出，前者更具有创造力、逾越性，后者更加博学、严谨。艺术的世界不仅需要技艺的积累，更需要放开知识技能的拘束、放飞想象力、拥有创造力，感悟那些无法被传授的奥妙。我们所能看到的投资世界都是表面现象而已，就像航海中的船舶，只能看到辽阔的大海，却感受不到海洋的深邃，我们领悟到其中的内涵，才能感受到投资的真实世界。投资的世界不止资金的关系那么简单，也不止于人类心理活动那样无常，投资的世界就像一种巨大的生物拥有自己的进化逻辑，没有定式、捉摸不透，我们只能培养起自己强大的适应力来提高对市场的适应性。

朋友：是的，就像在南方生活的人，到了北方感觉很新鲜，几年后才能看出生活和习惯中的本质区别是什么。

我：所以，这个“修炼”过程急不得，急也没什么好处。

朋友：是的，看出来了，但是不了解机制和构架不行。

我：没错，基础原理的东西要学，而更深的东西是学不来的。我的意思是说所有能学到的知识，不管看起来多么复杂，但实质上都是表象。投资中真正能为你带来成功的是书本上所学不到的。

朋友：是的，即使讲出来也很难懂。那么交易中尽可能做长线是不是能够提高收益率？

我：我认为，需不需要坚持你的交易，前提还是要看心中那杆秤的测量能力了，虽然要以具体情况来定，但有些大数据的分析也可以给出一点启发。人们有很大概率都会过早出售盈利的交易，一旦卖出上涨的股票后，大概率上它还会出现更多的上涨，而坚持不卖亏损股票的行为源于“沉没成本”的心理，这是种对交易不利的心理问题。

朋友：这个明白了。你曾经说过，可靠的预测是以更少的不可确定性和更多的可确定性因素为前提的，如果说在投资中时间可以造成更多不可确定性因素的话，为何股票长期投资的成功率会比短期投机的成功率更高呢？

我：这其中之一的原因是，选择低于平均值的股票做长期投资成功率高。低于平均值的幅度与长期投资成功率呈正比关系，即低于市场平均值幅度越大，投资成功率则越高，这是因为当你对股票价值下限估测得越准确时，基于长期的不确定因素对其向下的影响则会越小，而市场中“均值回归”的特性会更容易为你带来收益，而“均值回归”需要足够的时间来证明。与此类似，我们对设定长期投资计划时的投资环境越恶劣，越能减少未来长时间内不可测因素对投资的负面影响。

朋友：是的，目前中国经济下行压力变大，是否符合你对股市环境恶劣的判断？

我：我说的投资环境，经济状况也是原因，但更多是指市场内因素造成的，因为一国经济与股市并不会出现完全同步的状态，从经济上不会明显看出股市的走向，但最终它们的大方向还是趋于一致的。反过来说，即使中国的经济真的出现下行，股市也未必表现糟糕，这个不用过度担心，退一万步讲，即使经济衰退时，在通货紧缩的情况下，同样会有投资的机会。机会永远有，我们只需要尽量适应环境，但不管是何时，投资机会都只留给有现金储蓄的人，所以最重要的是在糟糕的情况发生后，你还有储蓄。在我的书中其中有一章就是专门剖析节俭储蓄对投资成功的重要性，相信看过后会对你有帮助的。

后记

中国市场投资者的未来

经过二三十年的努力，如今的中国已经成为世界上第二大经济体，成为世界上拥有最多中产阶级的国家。可以说中国已经逐渐走上了一条国富民强的道路。

股市的繁荣是以强大的经济能力为基础的。当前，中国处在制造业升级、经济转型时期，经济的转型势必培养出越来越多具有核心技术能力的实体企业，而中国股市的繁荣归根结底需要更多优秀企业的支撑。我们有理由相信通过诸多的努力与坚持，中国完全有能力顺利实现经济转型，迈上强劲发展的新台阶。

从19世纪末到21世纪初，美国的制造业一直稳居世界首位，而今天，中国的制造业在产值上不仅超过了美国，而且几乎相当于美、日、德三国的总和，更是俄罗斯的十倍之多。

我国在2013年就已有了为数众多的世界第一产量：其中铁产量占世界总产量的近60%；煤产量占世界总产量的50%；粗钢产量占全球产量的46.3%，是名副其实的产钢大国；船舶制造规模居全球首位，占世界总造船量的40%以上；水泥、电解铝、化纤、平板玻璃、手机等产业占世界总产量的半数以上；集成电路的产量甚至达到了世界总量的90%以上。除此以外，化肥、工程机械、汽车制造产量居于世界首位。目前中国的各种轻重工业及各类农产品产量与规模也位居世界第一。

目前为止，这类优势更加明显。在基础建设方面中国逐渐拥有了更多的优势，其中高速公路、高铁、港口、地铁、水利工程的建设都已跃居世界首位，隧道建设总长度可围绕地球一整圈。

我国的电网更是目前世界上唯一实际应用特高压输电技术进行建设的。发达国家从20世纪六七十年代就开始了特高压输电的前期研究，历经几十年，尚未研制出成熟的设备，例如美国的电网系统由于缺乏维护经费而老旧不堪，经常因恶劣天气造成大规模停电且恢复缓慢。而在最近几年，我国又开工了一个项目，它是全世界电压等级最高、输送容量最大、输送距离最远、技术水平最先进的特高压输电工程。

其实中国的发电量早已超越美国。2011年，中国的工业用电量为3.463万亿千瓦时，美国是0.976万亿千瓦时，中国是美国的3.55倍。1992—2012年，美国的工业用电量一直徘徊在1万亿千瓦时附近，而在此期间中国的工业用电量则扩张了大约6倍，到2012年已达到3.606万亿千瓦时。

在互联网方面，截至2017年，我国移动通信用户规模首超20亿，移动互联网用户超10亿。如此规模的市场带动了中国通信行业的高速发展，其中中国的手机巨头华为公司主导的电信标准已经成为国际新标准。

今天，中国的工业产业在广度和深度两方面都已得到了发展。中国拥有39个工业大类、191个中类和525个小类，是全世界唯一拥有联合国产业分类中全部工业门类的国家，工业体系完整，能够生产从服装鞋袜到航空航天、从原料矿产到工业母机的众多工业产品，这些成为中国的竞争力，也是进一步进行产业升级的基础和动力。

有人曾说，中国工业是大而不强，因为我们过去都是以引进和仿制为主。强与不强取决于科技的实力。下面我们来看看我国在科技方面的发展情况。

以全球科技实力排名第一的美国为参照，目前中国在家用电器、建材、铁路和高铁技术、风力涡轮机和电力设备、太阳能电池板和石油天然气设备等领域领先美国。但在商业航空器、半导体、生物机器、特种化工和系统软件等技术领域，中国和美国的差距仍然很大。

目前，在全世界100个热点前沿和49个新兴前沿中，美国在143个前沿领域都有核心论文入选，且在108个前沿领域的核心论文数都排名第一；中国在82个前沿领域有核心论文入选，在16个前沿领域的核心论文数为第一。除了化学与材料科学领域中国的贡献度超过美国，世界科学研究的前沿突破基本上有8成来自美国。

所以，事实就是，美国仍是世界科技第一强国，但中国正在以越来越快的速度缩小差距。

再与世界第三大经济体日本对比，亚洲开发银行早在2015年发布的《亚洲经济一体化报告》中就显示，中国在亚洲高端科技产品出口所占份额从2000年的9.4%升至2014年的43.7%，位居亚洲第一。而日本所占份额从2000年的25.5%下降至7.7%。

实际上，中国已成为亚洲高端科技产品出口的主导力量。

德国的科技水平之高早已被世界公认。我们再来看看中国与德国的科技实力相对比的结果。

我们用国际公认的衡量国家科技实力最重要的WFC指数（自然指数）来对比2014年12月公布的当年统计数据：美国WFC排第一，18 643；中国第二，5 206；德国第三，4 077；四到十位分别是日本、英国、法国、加拿大、西班牙、瑞士、韩国，从3 371到1 151，俄罗斯不在前十之中。可以看出美国仍然非常强大，WFC是中国的3.6倍，但中国已经位居世界第二并达到德国的1.3倍、日本的1.5倍。

对比各国2014年与2013年的WFC：排名前十位的国家中只有中国、德国和英国呈上升趋势，分别是14.9%、1.0%和0.9%。可以看到中国WFC指数的涨幅是惊人的。

在2014年6月到2015年5月的统计中，中国的WFC从5 026变成6 318，增长了25.7%。仅仅半年，美国对中国的比例就从3.6缩小到2.8。中国科技实力超越美国的速度可能比很多人想象得都快。

除了WFC，再来看截至2014年的专利情况。从世界五大知识产权局（欧洲专利局、日本特许厅、韩国特许厅、中国国家知识产权局和美国专利商标局）的统计来看，2014年五大局共授予了95.54万件发明专利，美国最多，30.1万件，占总数的31%；其次就是中国，23.3万件，但其增速最快，达12.3%；美日韩欧的增速分别是8.2%、-18.0%、1.9%和-3.1%。

中国科研经费的情况也大为改观。2014年中国的研究与试验发展经费支出为13 312亿元，比2013年增长了12.4%。世界经济合作与发展组织在《经合组织2014年科学技术与工业展望》中预测，中国的研发支出将在2019年前后超过欧盟和美国，跃居世界首位。可以说目前几乎能在所有领域和美国竞争的只有中国。

据此分析，中国的经济在经历了近一个世纪的落后之后，凭借优秀的民族品质和不屈不挠的奋发精神，正在经历一次世界级别的超级“均值回归”。这将使中国的经济出现前所未有的改变。而大幅改变的经济状况必然也会导致科技的崛起，将整个国家带入更大的良性循环之中。相信在不久的将来，中国股市必将加速追赶早已腾飞的中国经济，必将成长为长期繁荣的牛市。

如今的中国走在了追赶和超越的道路上，更需要保持踏实进取的决心，并一步一个脚印地向前进。

当前我们所需要的不只是能力和技术，也需要团结一致的民族精神和共同的奋斗目标，踏实专注地打造我们自己的民族梦想。这是新时代的长征，它背后折射出的是一个国家、一个民族奋发图强的坚定决心和重新屹立于世界之林的雄心壮志！

作为中国资本市场中的首批投资者，我们除了要积极支持中国的经济发展，更需要对这个新生的市场倍加呵护，承担起使它逐渐成长、成熟、稳定、强大的责任。

一个国家的发展势必会经历许多痛苦的过程，凭借中国人坚毅勇敢和勤奋努力的优良传统，定能冲破重重阻挠，向着更伟大的目标奋进。中国的资本市场也正在走向长期的繁荣，过程中同样充满了酸甜苦辣。未来，它将会成为真正意义上代表中国强盛兴旺的市场。

作为专业投资者，我们是幸福的，也是痛苦的。幸福的是这个职业不仅让我们拥有可自由支配的时间，还锻炼了我们的意志力。这是一个通过探索投资世界和感悟哲学实用性而获得成就感的事业。痛苦的是专业投资者的投资生涯充满了艰辛。我们从愚昧莽撞、处处碰壁到懂得利用书本理论和实践经验逐步提高自己的认知水平。这个漫长的学习过程并不是一帆风顺的，我们有时会大彻大悟兴奋不已，有时又会懊恼后悔迷茫无助，在经历无数次大起大落之后，残酷的现实将会淘汰掉大多数，筛选出小部分意志坚强并敢于寻找真相的人。实践经验的积累会让我们认识书本中的理论与现实之间的差别。在这个过程中我们付出了大量金钱、时间与精力，深刻地认识自己并及时进行正确的调整。在这个永远不可能达到终点的旅途中，痛苦与幸福始终相伴，而这一切将会引导我们体会寻找真相的美妙。拥有处变不惊和无限智慧的人生才是每位投资者追求的最终梦想。